이건희
담대한 명언

이건희
담대한 명언

||||||||| 삼성 신화를 이룩한 이건희의 인생 철학 |||||||||

김옥림 지음

MIRAE BOOK

인생을 바꾸는 위대한 한마디 말의 힘

삼성전자는 2022년 미국의 글로벌 브랜드 컨설팅 전문업체 인터브랜드가 발표한 '글로벌 100대 브랜드'에서 브랜드 가치 877억 달러로 세계 5위를 기록했을 만큼 세계 경제 중심에 우뚝 솟은 초일류 글로벌 기업이다. 오늘날의 삼성이 있기까지 이건희 회장을 빼놓고는 말할 수 없다. 그가 1987년 12월 1일 회장으로 취임할 당시 1조 원이던 삼성 그룹의 시가총액은 2023년 10월, 약 400배나 오른 570조를 기록했다. 또한 취임 당시 9조 9천억 원이던 총 매출액은 2023년에는 약 40배나 오른 400조가 넘을 것으로 예상된다. 수치가 증명하듯 삼성의 성장과 혁신적인 변화는 오직 그의 탁월한 경영 능력과 리더십에 있었다고 해도 지나침이 없다. 그만큼 그의 리더십은 가히 독보적이다.

2023년 현재 삼성그룹 임직원 수는 약 28만 명이며 협력업체를 포함하면 백만 명이 넘는다고 한다. 이를 보면 삼성이 대한민국 경제발전에 큰 힘을 보태고 있다는 데에 아무도 부인하지 못할 것이다.

그러나 이런 긍정적인 결과에도 불구하고 이건희 회장은 때때로 언론의 지탄을 받고 국민들로부터 원성을 사곤 했다. 성공한 경영인으로서 보여서는 안 될 도덕적인 결함으로 인해서이다. 나 역시 그의 탁월한 경영 마인드나 리더십에는 경탄을 금하지 못하지만 그가 가끔씩 보이는 도덕적 결함에 대해서는 부정적인 시각을 드러내곤 했다.

그럼에도 불구하고 이 책을 쓴 이유는 이건희는 한 사람의 경영인으로서는 분명 탁월한 인물이며, 우리의 젊은이들이 배울 점이 많다고 여기기 때문이다. 그리고 또 하나의 이유는 "모든 것은 동전처럼 앞뒤의 양면이 있다."는 《탈무드》의 말처럼 사람은 누구나 장단점을 가지고 있기 때문이다. 그렇게 본다면 도덕적인 결함만을 문제 삼아 그의 좋은 점을 외면해서는 안 되겠다는 마음이 강하게 작용했음을 부인하지 않겠다. 사실 우리나라에서 이건희 회장만큼 한 사람에 대해 좋아하는 사람과 좋아하지 않는 사람들의 편차가 심한 인물도 드물 것이다. 그것은 그가 대한민국 사회에 중심적인 인물이었음을 단적으로 말한다고 할 수 있다.

나는 이 책을 쓰기 위해 이건희 회장에 대한 책은 물론 방송, 신문, 잡지, 인터넷 등을 샅샅이 살피는 노력을 게을리하지 않았다. 그래야 보다 더 객관적인 입장에서 글을 쓸 수 있다고 생각했기 때문이다. 그에 대해 연구하면서 내가 그동안 모르고 왔던 사실에 대해 새롭게 그를 바라보게 되었다. 이런 새로움에서 느끼고 생각한 것을 이 책에 담기 시작했다. 그가 한 말을 다양하게 가려 뽑아 그에 얽힌 이야기와 나의 사상과 철학을 접목시켜 새로운 관점을 독자들에게 제시함으로써 독자들의 삶에 한 줄기의 빛이 되어 각자의 길을 가는 데 작은 도움이라도 되었으면 하는 바람에 이 책의 역점을 두었음을 밝힌다.

이건희 회장의 말은 어눌하고 서툴며 세련미가 없다. 그러나 그 말 속에는 반짝반짝 빛나는 지혜와 의지가 밤하늘의 별처럼 빛난다. 이 책을 읽고 나면 그의 생각을 배울 수 있고, 그의 장점을 가려 취한다면 삶의 이정표로 삼아도 좋을 것이다. 그런 만큼 그의 말은 가치가 있다고 하겠다.

이 책이 자신의 꿈을 향해 나아가는 이들에게 친절한 삶의 길동무가 된다면 나로서는 참 고맙고 감사한 일이 될 것이다. 모든 이들에게 행운이 함께하길 기원한다.

2023년 가을
김옥림

Contents

CHAPTER 1
정신적 패배주의를 극복하라

CHAPTER 2
그가 사는 법을 배워라

CHAPTER 3

디지털 시대에 필요한 것

CHAPTER 4

결단은 신속히 하라

CHAPTER 5

머뭇거리지 말고 앞만 보고 가라

CHAPTER 6

골드칼라가 되라

CHAPTER 7
보이지 않는 것을 보는 눈을 갖자

정신적
패배주의를
극복하라

마누라와
자식만 빼고
다 바꿔라.

 _ 1993년 '프랑크푸르트 신경영 선언'에서

심기일전 변화를 꾀하다

이건희는 1993년 6월 7일 프랑크푸르트 켐핀스키 팔켄슈타인 호텔에서 신경영을 선언했다. 신경영을 선언한 데에는 이런 배경이 있었다.

프랑크푸르트에 가기 전에 이건희는 일본에서 몇몇 사장과 중역들과 같이 회의를 했다. 회의가 끝난 후 삼성전자 디자인 고문인 후쿠다 타미오와 몇몇 고문에게 삼성전자를 보며 느낀 것을 솔직하게 말해 달라고 했다. 이에 후쿠다 타미오가 문제점을 정리한 메모지를 건네주었다.

이건희는 프랑크푸르트로 가는 비행기 안에서 그가 메모한 것을 읽어내려 갔다. 메모의 핵심은 담당책임자에게 문제점을 말해도 전혀 받아들여지지 않는다는 것이었다. 거기다 삼성 비서실에서 세탁기 제조과정을 촬영한 비디오테이프를 전달받았는데 세탁기 뚜껑이 맞지 않자 칼로 뚜껑을 깎는 장면이 있었다. 비상식적인 행태에 크게 분노한 이건희는 프랑크푸르트 회의를 소집하고, 200여 명의 중역들에게 변화와 혁신을 강조하며 마누라와 자식을 빼고는 다 바꾸라고 선언하였다. 이후 혁신적인 변화를 꾀하게 됨으로써 삼성전자는 2020년 미국의 글로벌 브랜드 컨설팅 전문업체 인터브랜드가 발표한 '글로벌 100대 브랜드'에서 브랜드 가치 623억 달러로 세계 5위에 오르는 초일류 기업이 되었다.

미국의 기업인 레이 노다는 "변화를 받아들이면 생존자가 되지만, 변화를 거부하면 죽음을 맞이하게 될 뿐이다."라고 말했다. 개인이든 기업이든 변화가 필요할 땐 반드시 시도해야 한다. 그것만이 경쟁에서 살아남는 가장 확실한 방법이다.

심기일전心機一轉이란 '어떤 계기에 의해 그 전까지의 마음을 완전히 뒤바꾸는 것'을 뜻한다. 이는 일대 혁신을 꾀하는 것으로 의식 자체를 다 바꾸는 것을 말한다. 새롭게 변화하고 싶다면 심기일전하라.

> 남이 잘됨을 축복하라.
> 그 축복이 메아리처럼
> 나를 향해 찾아올 것이다.
>
> _ 이건희 '어록'에서

남이 잘됨을 축복하라

◈

살아가면서 진정으로 타인이 잘되기를 바라는 마음을 갖는다는 것은 쉽지 않다. 이기심이 많고 적고의 차이일 뿐 사람은 누구나 자신을 먼저 생각하는 이기적인 동물이기 때문이다. 이런 이기심을 뒤로하고 남이 잘되게 한다는 것은 사랑과 배려가 없으면 절대로 불가능한 일이다.

이태석 신부가 남수단 톤즈에서 자신을 희생해 가며 학교를 세우고 병을 치료할 수 있었던 것은 신부라는 성직자 신분을 떠나 마음 자체가 사랑과 배려로 깊이 물들어 있기에 가능했다.

슈바이처 박사와 백의 천사 나이팅게일, 국제 적십자사를 창설한 앙리 뒤낭, 마더 테레사 수녀 등 타인을 위해 한평생을 산

이들의 공통점은 남을 잘되게 도왔다는 것이다. 그렇다면 이들은 왜 자신을 희생하면서까지 남을 도왔을까. 이에 대해 프랑스 사상가인 아나톨 프랑스는 다음과 같이 말했다.

"이 세상의 참다운 행복은 남에게서 받는 것이 아니라 내가 남에게 주는 것이다. 그것이 물질적인 것이든 정신적인 것이든 인간에게 있어서 가장 아름다운 행동이기 때문이다."

자신이 행복하고 싶다면 남이 잘되기를 축복하라. 충만한 행복을 선물로 받게 될 것이다.

남이 잘되기를 빌어주고 축복하는 것은 선業을 쌓는 일이다. 그것은 곧 자신을 위한 것이다. 잘되고 싶다면 축복하는 일에 익숙해져라.

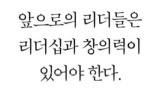

리더의 자격

◆

45세에 미국 제너럴 일렉트릭의 최고경영자가 된 잭 웰치는 세기의 경영인이라는 칭호를 받았다. 그는 어떻게 해서 그런 평가를 받는 인물이 되었을까. 그는 인재들을 매우 중요하게 여기고, 그들이 각 분야에서 자신의 능력을 발휘할 수 있도록 끊임없이 격려하고 뒷받침해 주었다. 그의 진정성을 알게 된 직원들은 그의 믿음에 부응하기 위해 최선을 다했다.

잭 웰치는 또한 자신이 직접 경영진에게 교육을 시도했던 것으로 유명하다. 지시가 아닌 솔선수범의 리더십을 발휘했던 것이다. 열정적인 그의 모습에 감동을 받은 경영진 역시 그와 같이 실천하였다. 그러니 어떻게 잘되지 않을 수 있을까. 잭 웰치는 창의력에서 독보적인 존재이기도 했다. 그는 늘 새로운 것을 생각하고 시도했다. 그 결과 제너럴 일렉트릭은 일취월장하며 세계 경제의 중심이 되었다.

이건희 역시 잭 웰치와 같은 생각을 보여 준다. 그는 앞으로의 리더들은 리더십과 창의력이 있어야 한다고 강조했다. 우리는 보통 리더들은 리더십만 훌륭하면 된다고 생각한다. 하지만 이건희는 창의력을 겸비해야 한다고 말했다. 이건희의 이러한 생각은 한 발 앞서는 리더의 조건이라고 할 수 있다. 변하지 않는 리더는 더 이상 발전을 기대할 수 없다. 그것은 스스로를 기만하는 일이다.

자신이 하고자 하는 분야에서 리더가 되길 바란다면 리더십과 창의력을 길러야 한다.
좋은 리더는 리더십과 창의력에 의해 결정되기 때문이다.

기업의 가치 기준

◆

어려움에 처해 있던 IBM을 맡아 세계 최고의 기업으로 성장시키며 최고의 경영자로 평가받고 있는 루 거스너. 그가 최고의 경영자가 될 수 있었던 이유는 무엇일까.

1993년 IBM은 어려운 상황에 내몰리고 있었다. 루 거스너는 이런 시기에 최고경영자로 초빙되었다. 그는 IBM의 문제점을 파악한 후 새로운 정책에 힘을 쏟았다. 바로 고객의 가치를 최우선으로 하는 정책이었다. 그는 어째서 고객의 가치를 기업의 생존전략으로 삼았던 것일까. 바로 고객이야말로 기업을 살릴 수도 있고, 죽일 수도 있는 존재라고 생각한 것이다. 그는 고객이 원한다면 서비스는 물론 품질향상 등 무엇이든 하겠다는 신념으로 철저하게 고객 위주의 경영을 실행하였다. 그의 진정성은 고객들의 가슴을 파고들었고, 마침내 비틀거리던 IBM은 부활의 기지개를 켜며 세계가 놀랄 만한 성장을 이룬 것이다.

이건희는 자신의 에세이《생각 좀 하며 세상을 보자》에서 "고객과 함께하며 고객이 원하는 것을 제공하는 것이 곧 기업의 가치다."라고 말했다.

그렇다. 고객으로부터 외면받는 회사는 더 이상 발전할 수 없다. 고객이 없는데 무슨 기업이 필요하다는 말인가. 고객을 하늘처럼 받들어야 한다. 그것이 곧 기업이 잘될 수 있는 가장 확실한 비법이다.

기업을 경영하든 자영업을 하든 나름대로의 가치성을 지녀야 한다. 그것은 고객을 귀한 손님처럼 맞는 것이다. 고객이 OK 하는 기업의 경영주나 자영업자는 잘될 수밖에 없다. 고객이 OK 할 때까지 최선을 다하라.

힘들어도 웃어라.
절대자도
웃는 사를 좋아한다.

_ 이건희 '어록'에서

웃음의 묘약

소문만복래^{笑門萬福來}라는 말이 있다. '웃으면 복이 온다'는 말이다. 그래야 집안이 화목하고 하는 일이 잘된다는 것이다. 또 일소일소 일노일노 ^{笑 少 怒 老}라는 말이 있다. 이는 '한번 웃으면 한번 젊어지고, 한번 화내면 한번 늙는다'는 뜻이다. 웃음의 효과와 가치를 매우 직설적으로 표현한 말이라고 할 수 있다. 의학적으로 볼 때도 잘 웃는 사람이 병에 걸릴 확률이 적다고 한다. 또 잘 웃는 사람이 병에서 나을 확률이 높다고 한다. 이렇듯 웃음은 인간의 삶에 매우 긍정적인 영향을 준다.

미국의 저명한 심리학자인 윌리엄 제임스는 이렇게 말했다.

"행복해서 웃는 것이 아니라 웃으니까 행복한 것이다."

22

이 말을 보더라도 웃음이 주는 가치를 잘 알 수 있다.

요즘처럼 각박한 현실에서 행복해서 웃는 사람은 과연 얼마나 될까. 그럼에도 행복해지기 위해서는 자주, 많이 웃어야 한다. 힘들어도 웃고, 행복해도 웃고, 감사해도 웃고, 슬픈 일도 웃으며 잊어야 한다.

웃음은 자신은 물론 가족과 주변 사람들에게 행복을 심어 주는 '행복 바이러스'이다.

'웃음'은 인간관계를 부드럽고 따뜻하게 하는 소통의 묘약이다. 잘 웃는 사람이 인간관계도 잘 만들어간다. 웃어라. 웃는 얼굴보다 더 예쁜 꽃은 없다.

> 자신의 영혼을 위해
> 투자하라.
> 투명한 영혼은
> 천년 앞을 내다본다.
>
> _ 이건희 '어록'에서

투명한 영혼이 되라

투명한 영혼이란 무엇을 말하는가. 한마디로 말해 '맑고 깨끗한 정신'을 말한다. 정신이 맑고 깨끗하면 자신에게 솔직함으로 상대방에게 솔직하고, 허투루 말하거나 행동하지 않으며, 진정성이 있는 삶을 추구한다.

그렇다면 투명한 영혼을 위해서는 어떻게 해야 할까.

첫째, 다양한 분야의 책을 읽고 다양한 지식을 쌓아야 한다. 지식은 정신을 살찌우는 영혼의 양식이다.

둘째, 사색하는 마음을 길러야 한다. 요즘 사람들은 깊이 있는 생각을 하지 않는 것 같다. 매사가 즉흥적이고 표피적이다. 이런 마인드로는 보다 나은 삶을 끌어낼 수 없다. 사색도 습관이다. 바쁜 중에도 틈틈이 사색하는 습관을 길러라.

셋째, 묵상을 하거나 기도하는 시간을 가져야 한다. 고요한 마음으로 내가 누구인지를 스스로에게 묻고 대답하다 보면 자신에 대해 보이지 않던 마음의 문이 열리게 됨으로써 자각하는 힘이 길러진다. 맑은 영혼을 가진 사람이 먼 미래를 긍정적으로 보고, 자신을 돕듯 남도 돕게 되는 것이다.

"깨끗하게 몸을 가지고 온순하게 사물을 대하면 실수하는 일이 없다."

이는 《명심보감》에 나오는 말로써 깨끗한 몸은 맑고 투명한 영혼에서 온다. 투명한 영혼을 위해 앞에 제시한 세 가지를 반드시 실천해야 한다.

몸과 마음을 깨끗이 하는 자가 투명한 영혼을 가진 자이다. 몸과 마음이 깨끗하면 남을 해하거나 그릇된 일을 하지 않는다. 항상 몸과 마음을 깨끗이 하라.

우리에게 가장 필요한 것은
몸을 던져서라도 난관을 돌파하는
럭비 정신으로 현재의
정신적 패배주의를 극복하는 일이다.

_ 이건희 에세이 《생각 좀 하며 세상을 보자》에서

정신적 패배주의를 극복하라

아무리 좋은 환경을 갖추었다 하더라도 정신적으로 무장이 되어 있지 않으면 자신이 하는 일을 성공적으로 이뤄내는 데 한계가 있다. 이를 잘 알게 하는 것이 임진왜란 당시 '노량해전'이다.

당시 이순신 장군은 백의종군하는 신분이었다. 그런데 원균을 비롯한 장수들이 왜군에게 패하자 선조는 이순신 장군을 복직시켰다. 어명을 받들고 전쟁에 임했지만 이미 수많은 배들은 모두 불타거나 못 쓰게 되었고 남은 12척의 배가 고작이었다. 그럼에도 불구하고 이순신 장군은 군을 재정비하여 백 척이 넘는 왜군의 배와 전투를 벌여 완전히 초토화시키며 승리하였다. 이순신 장군이 백척간두에 선 조선을 구할 수 있었던 승리의 요인은 군사들의 정신적 패배주의를 극복하게 하고 정신적으로 재무장시킨 결과였다.

이건희 역시 정신적 패배주의를 극복해야 한다고 역설한다. 그리고 이를 럭비 정신에서 찾으라고 말한다. 그는 고등학교 시절 럭비부에서 활동을 하며 럭비의 매력에 빠졌다. 상대방의 강한 태클을 뚫고 밀어붙이는 그 강렬한 쾌감이 그의 마음을 뒤흔들었다. 이건희는 럭비를 하며 강한 정신력의 중요성을 실감하였다. 그래서 이런 럭비 정신을 임직원에게 심어 주며 패배주의를 경계시켰던 것이다.

삶 또한 마찬가지다. 자신이 원하는 길을 가고 싶다면 정신적 패배주의에 물들지 말아야 한다. 정신적 패배주의는 실패로 이끄는 불행의 씨앗이다.

《손자병법》에 '싸우는 군대는 우선 이겨놓고 싸운다'는 말이 있다. 이는 무엇을 말하는가. 패배를 하지 않고 반드시 이기겠다는 결의를 말한다. 그렇다. 경쟁에서 이기고 싶다면 반드시 마음으로부터 이기고 싸워라.

사람 공부

◈

정치적으로든 경제적으로든 어느 분야에서든 성공한 인물들은 대개 인간관계가 매끄러웠다. 에이브러햄 링컨, 시어도어 루스벨트, 윈스턴 처칠, 벤저민 디즈레일리, 넬슨 만델라, 앤드루 카네기, 헨리 포드, 존 워너메이커 등 성공적인 인물들을 보면 하나같이 소통의 대가들이었다.

이들은 어떻게 사람들의 마음을 움직일 수 있었을까. 그것은 바로 인간에 대한 꾸준한 성찰, 즉 '사람 공부'에 있었다.

이건희 역시 사람 공부의 중요성을 절실히 여겼다. 고등학교 시절 이건희의 동창인 홍사덕은 그가 사람 공부를 한다는 사실에 주목하고 놀란 적이 있다고 한다. 생각해 보라. 철모르는 시절, 사람 공부를 한다니. 놀랄 수밖에 없었을 것이다.

사람 공부란 원만한 인간관계를 위한 공부다. 그런데 이건희는 철부지 시절 사람 공부를 했던 것이다.

"다른 사람이 자기에게 흥미를 가지도록 하기 위해서 2년간 노력하는 것보다 자신이 먼저 솔선수범해서 2개월간 다른 사람에게 진정으로 흥미를 가진다면 더 많은 친구를 만들 수 있을 것이다."

이는 소통의 명수 데일 카네기의 말이다. 이 말은 무엇을 의미하는가. 한마디로 사람 사귀는 방법, 즉 사람 공부를 말한다.

오늘날의 이건희가 있을 수 있었던 성공 요인 가운데 하나는 자기만의 사람 다루는 비법이었을 것이다. 사람 공부를 하라. 사람 공부는 가장 중요한 '성공 공부'이다.

사람들은 저마다의 성격과 개성을 지녔다. 사람들과 잘 지내기 위해서는 각자의 성격과 개성에 맞게 대해야 좋은 관계를 맺게 되고, 그로 인해 성공적인 결과를 이뤄낼 수 있다. 성공하고 싶다면 '사람 공부'는 필수이다. 사람 공부를 하라.

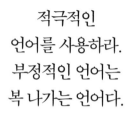

적극적인 언어가 주는 마력

◆

사람에게 있어 모든 말과 행동은 그 사람의 생각에서 나온다. 마인드가 긍정적이면 긍정적인 말과 적극적인 행동이 나오고, 부정적인 마인드를 갖고 있으면 부정적인 말과 소극적인 행동이 나온다. 그래서 하는 말과 행동을 보면 그 사람이 어떤 사람인지를 잘 알 수 있다.

사람들은 크게 세 가지 타입으로 나뉜다. 첫째는 긍정적인 타입으로, 이런 타입은 매사를 긍정적으로 보고 적극적으로 나아간다. 어려움도 대수롭지 않게 받아들여 결국 자신이 원하는 것을 얻는다. 둘째는 부정적인 타입으로, 이런 타입은 해 보지도 않고 무조건 안 되는 것만 생각한다. 그러다 보니 충분히 할 수 있는 것도 놓치고 만다. 셋째는 이것도 저것도 아닌 어정쩡한 타입인데, 이런 타입은 상황에 따라 달라진다. 그래서 상황에 따라 일의 성과가 달라진다. 그렇다면 문제는 간단하다. 긍정적인 말과 행동을 하도록 마인드를 습관화하는 것이다.

프랑스 소설가인 마담 드 스탈은 "할 수 있는 게 없다고 말하는 사람일수록 아무것도 실행하지 않는 사람일 가능성이 높다."고 말했다. 바꿔 말하면 할 수 있다고 말하는 사람이 긍정적으로 실행에 옮길 수 있다는 것이다. 긍정적이고 적극적으로 말하고 행동할 때 좋은 결과를 얻게 된다.

말에는 그 사람의 인품과 사상과 철학이 담겨 있다. 그래서 말을 할 땐 신중을 기해야 한다. 말 한마디에 의해 인생이 결정되기 때문이다.

요행이란 함정

◈

사람의 마음을 혼란하게 하는 것 중 하나가 요행을 바라는 것
이다. 요행이란 그럴듯한 희망으로 가장한 부정적인 생각이다.
그런데 요행이란 함정에 빠져 자신의 능력을 탕진하고, 아까운
시간을 쏟아버리는 이들이 있다. 요행에 한번 잘못 빠진 사람은
쉽게 요행의 함정을 벗어나지 못하고 계속 요행을 좇다 패배한
인생으로 전락하고 만다.

이건희는 사람들에게 요행을 경계하라고 말한다. 그가 이렇
게 말하는 것은 삼성이란 거대 그룹을 세계적인 기업으로 성장
시킨 것은 요행에 기댄 적 없이 오직 열정과 땀방울로 이룬 결
과이기 때문이다. 만일 이건희가 요행을 바라고 연구와 투자를

소홀히 하며, 제품의 질적 향상을 위해 신경영을 추진하지 않았다면 혁신도 없었을 것이다.

미래를 내다볼 줄 아는 이건희의 철저한 경영 마인드는 삼성의 임직원들 모두를 철저한 도전 정신으로 무장시키는 데 한 치의 흐트러짐이 없었다. 그 결과 삼성은 세계 경제의 중심에 우뚝 서게 된 것이다.

이건희의 말에서 보듯 요행은 불행의 안내자이며, 진정성 있는 삶을 훼방 놓는 방해꾼일 뿐이다. 요행은 나쁜 친구와 같다. 어떤 상황에 놓이더라도 요행의 달콤한 입술을 경계하라.

한탕주의니 한방이니 하는 것은 요행에 물드는 원인이 된다. 요행을 경계하라. 요행에 빠지면 자신의 능력을 상실하게 된다.

여러 계통의 1급들을 보면서
그 사람들이
톱의 자리에 올라가기 위해
어떻게 노력했는가 연구했다.

_ 이건희 에세이 《생각 좀 하며 세상을 보자》에서

성공한 사람 연구하기

성공한 사람들은 '인생 교과서'와 같다. 그들이 성공하기까지의 과정과 성공할 수 있었던 요인은 그들처럼 되고 싶은 사람들에겐 희망의 메시지와 다름없다. 개개인의 능력 차이가 문제가 될 수 있지만 그들을 따라서 열심히 한다면 보통 사람과는 다른 인생을 살아갈 수 있다.

에디슨을 흠모하며 그처럼 되고 싶었던 헨리 포드는 에디슨의 삶을 따라서 노력한 끝에 세계 최고의 자동차 회사인 포드사를 창립할 수 있었다. 뉴턴을 인생 교과서로 삼았던 아인슈타인은 20세기 최고의 물리학자가 되었다.

이에 대해 이건희는 자신도 여러 분야에서 최고의 자리에 오른 사람들을 연구했다고 말한다. 이 말을 보면 이건희의 성공은 철저한 분석과 연구, 그에 따른 치밀한 계획과 실천을 통해 이뤄진 것임을 알 수 있다.

사람들은 성공한 사람의 삶을 동경하면서도 좋은 배경을 가졌기 때문이라며 폄훼하기도 한다. 이런 마인드로는 그 어떤 것도 해낼 수 없다. 자신이 원하는 삶을 이루고 싶다면 최고의 자리에 오른 사람을 공부하라. 가장 확실한 성공의 발판이 되어줄 것이다.

인생을 성공적으로 살았거나 살고 있는 사람은 '인생 교과서'와 같다. 자신이 존경하는 인물을 연구하라. 그리고 그가 했듯이 실천하라. 원하는 것을 얻게 될 것이다.

절대
서두르지
마라.

_ 이건희 '어록'에서

서두름의 위험성

◆

네덜란드의 판화가 마우리츠 코르넬리스 에서는 보는 각도에
따라 그림이 달라 보이게 하는 것으로 정평이 났다. 그가 이와
같은 새로운 화풍을 시도한 것은 어떤 이유에서일까. 바로 남들
과 다른 자기만의 영역을 구축하고 싶었기 때문이다.

문학이든 음악이든 조각이든 예술을 추구하는 예술가들은 누
구나 이런 마인드를 갖고 있다. 하지만 아이러니하게도 그것을
시도하는 이들은 그렇게 많지 않다. 그냥 다루기 쉬운 소재의
사용과 기법대로 한다. 이렇게 해서는 빨리 할 수는 있어도 더
이상의 발전을 가져 오지는 못한다.

그런데 어려운 일인 줄 빤히 알면서도 그 길을 가는 이들이

있다. 마우리츠 코르넬리스 에셔가 바로 그런 사람이다. 그가 자기만의 그림을 남길 수 있었던 것은 서두르지 않고, 쉽게 하려고 하지 않고, 충분한 시간을 가지고 철저하게 응시하고 사색하는 가운데 번쩍이는 새로운 것을 발견했던 것이다. 무엇을 응시한다는 것, 사물을 깊이 있게 통찰한다는 것은 서둘러서는 절대 안 되는 것이다. 깊이 보면 안 보이던 것이 보이는 법이다.

이건희는 이를 염두에 두고 절대 서둘러서는 안 된다고 조언한다. 자기만의 색깔을 갖고 싶다면 서두르지 말고 깊이 응시하라.

주마간산走馬看山이라는 말이 있다. '달리는 말에서 산을 본다'는 뜻으로 건성건성하는 것을 말한다. 매사에 서두르기 좋아하는 사람은 진중하지 못해 실패를 할 확률이 높다. 자기만의 특성을 지니고 싶다면 서두르지 말고 깊이 응시하는 습관을 들여라.

{ 작은 것을 탐내다
큰 것을 잃는다. }

_ 이건희 '어록'에서

소탐대실

◆

"군자란 눈앞의 이익이나 명성을 바라지 않는다. 다만 평생 단 한 번도 사람들에게 도움이 되지 못하고 아무런 업적도 남기지 못함을 부끄러이 여긴다."

이는 《논어》에 나오는 말로, 군자와 소인배의 차이점을 극명하게 보여 주는 말이라고 할 수 있다. 사실 보통 사람들은 작은 이익에도 물불을 가리지 않는 경향이 있다. 그래서 눈앞의 이익만 좇다 정작 손에 쥐어야 할 것은 쥐지 못한다. 또한 자신의 몸하나 추스르는 것에만 열성을 쏟는다. 그러다 보니 주변 사람들에게 변변한 도움 한 번 주지 못한다. 오직 자기 살기에만 급급하다.

작은 것을 탐하는 사람은 멀리 내다보는 눈이 밝지 못하다. 우물 안에서 하늘을 본다는 좌정관천坐井觀天이란 말처럼 우물 안 개구리에 불과하다.

이런 관점에서 볼 때 기업을 경영하는 사람은 자신의 유익은 물론 다른 사람들에게도 유익을 주는 사람이라고 할 수 있다. 이건희는 소탐대실小貪大失이란 말을 새겼다. 그랬기에 한국 최고의 기업을 이끄는 리더가 될 수 있었다.

남과 다른 삶을 살고 싶다면 작은 것을 탐하지 말고, 깊이 보고 넓게 보는 안목을 키워야 한다.

작은 것에 연연하다 보면 정작 큰 것을 두고도 지나치게 된다. 정녕 자신이 원하는 것을 얻고자 한다면 작은 것을 탐하지 마라.

최고경영자가 반드시 갖춰야 할 조건

◆

메기는 포식성이 강한 물고기이다. 그런데 이건희는 최고의 경영자는 좋은 의미에서 '메기'가 되어야 한다고 주장한다. 그 이유는 무엇일까.

미꾸라지를 키우면서 한쪽에는 메기를 넣고 다른 한쪽에는 미꾸라지만 키웠다. 어떤 결과가 나왔을까. 메기를 넣어 기른 미꾸라지들이 더 통통하게 살이 오르고 활발했다. 메기에게 잡혀 먹히지 않으려고 빠르게 움직이고 에너지를 보충하기 위해 먹이를 열심히 먹었기 때문이다.

반면 천적이 없는 환경에서 자란 미꾸라지는 메기와 같이 키운 미꾸라지처럼 살이 오르지 않았다.

여기에 이건희가 역설한 '키포인트'가 있다. 좋은 경영자는 메기처럼 임직원들이 무언가를 할 수 있도록 끊임없이 에너지를 주어야 한다는 것이다. '알아서 잘들 하겠지.' 하고 두는 것은 자율적인 측면에서 본다면 장점이 될 수도 있지만 적당한 긴장감과 조율도 분명 필요한 법이다. 그 역할을 유효적절하게 잘하는 사람이 좋은 의미에서 메기와 같은 경영자이다.

좋은 경영자가 되기 위해서는 각자가 가진 재능과 능력을 잘 살릴 수 있도록 해야 한다. 그것은 곧 기업을 잘되게 하는 일인 동시에 각자의 재능과 능력을 키우는 창의적인 일이기 때문이다.

티스푼 사건

이건희 회장은 1993년 6월 7일 독일 프랑크푸르트에서 삼성 임직원들을 소집시켰다. 프랑크푸르트로 오기 전 일본 오쿠라 호텔에서 몇몇 사장단과 중역들과 회의를 하였는데, 이 자리에 는 후쿠다 타미오 삼성전자 디자인 고문도 함께 있었다.

회의를 마친 이건희 회장은 후쿠다 타미오 고문과 몇몇 일본 인 고문을 따로 불러 삼성전자에 대해 보고 느낀 것을 기탄없이 말해달라고 했다.

이때 후쿠다 타미오가 미리 작성한 보고서를 이건희 회장에 게 건네주었다.

"이게 무엇입니까?"

"삼성전자에 대해 제가 보고 느낀 것을 작성한 겁니다. 한 번 읽어보십시오."

"그렇게 하지요."

이건희 회장은 다음 날 프랑크푸르트로 가는 비행기 안에서 보고서를 읽었다. 보고서의 주요 내용은 자신이 아무리 문제점을 제기해도 도통 받아들여지지 않는다는 것이었다. 그러면서 삼성전자는 많은 문제점을 안고 있어 지금 이대로 가면 절대 성공할 수 없다고 했다. 보고서를 읽고 난 이건희 회장의 표정이 일그러졌다.

"대체 이 사람들은 무슨 생각으로 일을 하는 거야."

이건희 회장을 분노하게 한 건 그것만이 아니었다. 삼성비서실 사내방송팀이 제작한 비디오테이프가 그에게 전달되었다. 삼성전자 세탁기 조립과정을 담은 30분짜리 영상물이었다.

영상에는 충격적인 장면이 담겨 있었다. 세탁기를 조립하는 과정에서 납품된 세탁기 뚜껑 여닫이 부분의 플라스틱이 큰 관계로 일치가 되지 않자 그 부분을 칼로 깎아낸 후 조립하는 것이었다. 플라스틱을 깎던 직원이 자리를 비우자 다른 직원이 그와 같은 행동을 반복했다.

문제는 직원들이 그에 대해 아무렇지도 않게 생각하는 것이었다. 이건희 회장의 분노는 하늘에 닿을 지경이었다. 그는 서울 본사에 전화를 걸어 사장들과 임원들을 프랑크푸르트로 집결시키라고 지시하였다.

이건희 회장은 자신이 소집한 이유에 대해 자세하게 말했다.

"내가 그동안 품질 경영에 대해 그렇게 말했건만 이게 제대로 된 품질 경영입니까? 대체 그동안 무슨 생각으로 일을 해 왔습니까? 이래 가지고 어떻게 우리 삼성이 새롭게 변화할 수 있겠습니까?"

얼마나 화가 났는지 그의 몸이 부르르 떨릴 정도였다. 그리고 이어 말하기를 공장가동을 중단하는 일이 있더라도 올해 안으로 품질을 세계 수준으로 끌어올리라고 했다.

그러나 임직원들은 그의 말을 대수롭게 않게 여겼다. 화가 나서 한번 해 보는 소리로 여긴 것이다. 하지만 자신들의 생각이 얼마나 잘못된 것인지 나중에 깨닫게 된다.

그는 6월 10일 강연을 마치고 10여 명의 사장들을 불러 차를 마시며 자신의 강연에 대해 어떻게 생각하느냐고 물었다. 그러자 이수빈 비서실장이 말했다.

"회장님, 질도 중요하지만 아직은 양을 포기할 수 없습니다. 질과 양은 동전의 양면입니다."

순간 이건희 회장은 들고 있던 티스푼을 테이블 위에 집어던졌다. 그리고는 자리에서 벌떡 일어나 문을 박차고 나갔다. 그 자리에 있던 사장들은 사색이 되어 앉아 있었다.

이것이 삼성 직원들 사이에 회자될 정도로 유명한 '티스푼 사건'이다. 그 사건을 계기로 그를 바라보는 임직원들의 시각이 달라졌다. 지금처럼 대했다가는 자신들의 일신상에 무슨 일이 있을지도 모른다는 강한 위기감이 들었던 것이다.

이건희 회장은 삼성을 중병에 걸린 환자로 판단했고 모든 것을 다 바꿔서라도 새로운 삼성으로 거듭나길 임원들에게 주문했다. 그리고 지금부터는 자신이 직접 챙기겠다고 선언했고, 보란 듯이 행동으로 옮기기 시작했다. 그러자 임직원들의 마음자세가 달라지기 시작했다. 그 후 삼성은 놀라운 변화를 일으키게 된 것이다.

CHAPTER 2

그가
사는 법을
배워라

> 기도하고 행동하라.
> 기도와 행동은
> 앞바퀴와 뒷바퀴이다.
>
> _ 이건희 '어록'에서

기도와 행동

◆

'기도하고 행동하라'는 이건희 말은 매우 의미 있게 다가온다. 왜 그럴까? 기도는 정성이며, 마음을 다잡는 데 있어 참 좋은 방법이기 때문이다. 기도에는 자신이 바라는 것에 대한 간절함이 있고, 그것은 곧 희망이자 목표이다.

그러나 기도하지 않고 마음의 준비가 되어 있지 않으면 자신이 바라는 것을 성공적으로 이끌어 낼 수 없다. 정성이 부족하기 때문이다.

이건희는 기도와 행동의 관계를 앞바퀴와 뒷바퀴라고 말한다. 자동차도 그렇고 자전거도 그렇듯 앞바퀴와 뒷바퀴는 동시에 작용해야 한다. 그렇지 않다면 그것은 움직일 수 없는 고장

난 자동차며 자전거일 뿐이다. 그러니까 기도를 하고 행동한다는 것은 둘이 같이 실행되어야 좋은 결과를 낸다는 것이다.

자신의 꿈에 대한 확신이 간절한 사람일수록 기도를 잘하고 실천력 또한 뛰어나다. 그렇지 않은 사람은 기도는 물론 실천력 또한 약하다. 그렇다면 어떻게 해야 할까.

이건희의 말처럼 기도하며 실행으로 옮겨 보라. 이 또한 그가 성공한 여러 요인 중 하나일 것이다.

기도는 종교를 가진 사람만이 하는 것이 아니다. 그 누구라도 간절히 바라는 마음을 갖는 것. 그리고 그것을 이루게 해 달라고 읊조리는 '마음의 소리'가 기도인 것이다. 무언가를 원할 땐 기도하고 실천하라. 좋은 에너지가 더해져 기쁜 결과를 낳게 될 것이다.

이건희가 원하는 인재

◆

이건희는 인재를 매우 중요하게 여긴다. 기업의 모든 성공은 인재에 달려 있다는 확신 때문이다.

이건희는 자신이 원하는 인재는 한마디로 '마니아 형' 인재라고 했다. 여기서 '마니아 형' 인재라는 것은 자신이 좋아하는 일에 정통해야 함은 물론 다각적인 시각에서 사고할 수 있는 인재를 말한다. 이런 사람은 자신이 하는 일에 있어 만족할 만한 결과를 얻지 못할 때는 다른 시각에서 방법을 찾아내는 유연성이 뛰어나다. 생각이 한쪽으로만 치우치지 않고, 상하좌우로 방향을 바꾸듯 생각의 폭이 넓다. 한마디로 깊이 보고, 깊이 생각하는 힘이 뛰어나다.

이건희는 이러한 인재에게는 아낌없이 투자하라고 말한다. 사장의 월급 몇 배를 줘도 좋다는 것이다.

사업이든 예술이든 자신의 분야에 정통하되 거기서 한 발 나아가 다른 것도 볼 수 있는 눈을 가져야 한다.

이건희의 성공은 그가 지닌 뛰어난 통찰력과 다각적인 시야를 가진 인재들의 합작이 이뤄낸 결과라고 할 수 있다.

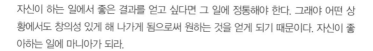

자신이 하는 일에서 좋은 결과를 얻고 싶다면 그 일에 정통해야 한다. 그래야 어떤 상황에서도 창의성 있게 해 나가게 됨으로써 원하는 것을 얻게 되기 때문이다. 자신이 좋아하는 일에 마니아가 되라.

그가 사는 법을 배워라

◆

사람들은 돈 많은 이들에 대해 두 가지 측면에서 말한다. 그 사람의 능력과 재산을 부러워하거나, 그 사람을 공연히 비판하고 못마땅하게 생각하는 것이다. 이 두 가지 중 어느 쪽을 따르는 것이 좋을까. 당연히 첫 번째이다. 부러움 속엔 자신 또한 그렇게 되고 싶다는 욕망이 들어 있기 마련인데, 이건희는 부러워하지만 말고 한발 더 나아가 '그가 사는 법'을 배우라고 말한다. 이를 증명하듯 성공한 사람들 중엔 자신이 닮고 싶은 사람을 롤모델로 삼아 나아간 이들이 많다.

고전주의 음악의 대가인 베토벤을 흠모한 슈베르트는 그가 사는 법을 철저하게 따라한 끝에 낭만주의 음악의 대표적인 음악가가 되었다. 베토벤을 닮기 위해 슈베르트는 베토벤이 즐겨 먹는 것, 입는 것, 하다못해 헤어스타일까지 따라서 했다고 한다. 이런 열정이 있었기에 슈베르트는 길이 남는 음악가가 될 수 있었다.

닮고 싶은 누군가가 있다면 그저 부러워하지만 말고 그가 사는 법을 배우며, 닮기 위해 노력하라.

누군가를 부러워하지만 말고 그를 닮기 위해 노력하라. 그렇게 열정을 바치다 보면 그보다 더 나은 위치에 있거나 혹은 그와 비슷하게 되어 있는 자신을 발견하게 될 것이다.

입체적 사고

◆

'입체적 사고'란 무엇을 말하는가. 어떤 문제에 대해 생각할 때 한쪽으로만 생각하는 것이 아니라 다양하게 생각하는 것을 말한다. 예를 들어 사과 상자를 위에서 내려다보면 평면으로만 보인다. 그러나 좌우에서, 상하에서 보면 보는 각도에 따라 모양이 다르게 보인다. 이것을 종합해 보면 입체적으로 보인다.

평면적 사고는 더 나은 것을 놓치는 우를 범할 수 있다. 입체적인 사회구조 속에서 살아가려면 입체적인 사고를 갖지 않으면 안 된다.

이에 대한 예를 파블로 루이즈 피카소에서 찾을 수 있다. 그는 기존의 평면적 그림의 구도에서 벗어나 다양한 방법을 시도했다. 초현실주의적인 화법과 사실주의적인 화법을 비롯한 여러 화풍을 접목시키며 탐구한 끝에 그만의 입체적인 화풍을 완성시켰다. 그는 판화와 조각 등 다양한 장르에서도 두각을 보임으로써 20세기 최고의 화가로 평가받고 있다.

이건희가 주장하는 입체적인 사고 또한 피카소가 시도한 입체적인 화풍과 맥락을 같이 한다고 하겠다.

그리고 보면 자기 분야에서 일가를 이룬 대가들은 확실히 보는 관점이 다르다는 것을 알 수 있다. 입체적인 사고를 기르기 위해 다양한 지식을 축적하여 다각적인 관점에서 상상하라. 그렇게 꾸준히 해 나가면 반드시 입체적인 마인드를 갖게 된다.

21세기는 멀티형 인간을 요구한다. 다각적인 분야에서 지식과 능력을 지닌 사람은 입체적인 사고를 갖고 있어 누구나 원하는 인재이다. 입체적 사고로 무장하라.

잘할 때 박수쳐라

◆

이건희가 강연을 하기 위해 들어설 때 우레와 같은 박수 소리
가 터져 나왔다. 이때 그는 말하기를 자신의 강연을 듣고 잘한
다고 생각할 때 박수를 치라고 했다. 입장할 때 박수 치는 것을
군사정권의 잔재로 여긴 것이다.

이건희는 군사문화로 일컬어지는, 등장할 때 치는 박수를 탐
탁지 않아 했다. 그리고 이건희 말에 또 한 가지 의미를 부여해
보면 잘할 때 치는 박수는 그 사람에 대한 칭찬과 격려이기 때
문이다. 박수를 받은 사람은 칭찬과 격려에 힘입어 더 잘하려고
할 것이다.

그런데 대개의 사람들은 칭찬과 격려에 인색하다. 그것은 사

람들의 마음이 나빠서라기보다는 칭찬과 격려 문화에 자연스럽지 못하기 때문이다.

우리 사회는 물론 각 개개인이 지금과는 다른 발전을 원한다면 잘했을 때 박수쳐 주는 아량을 보여야 한다. 사람은 칭찬과 격려를 먹고 자라는 생각하는 동물이기 때문이며, 자신이 친 박수는 반드시 자신에게도 다시 칭찬으로 돌아오게 될 것이다.

잘하는 사람을 칭찬하고 격려하는 일에 익숙해야 한다. 그것은 상대에게는 물론 자신에게도 긍정적으로 작용하기 때문이다. 칭찬과 격려는 참 좋은 에너지의 원동력이다.

{
　　희망만이
　　희망을
　　키운다.

_ 이건희 '어록'에서
}

희망 키우기

　희망은 희망을 바라는 사람을 좋아한다. 아무리 어려운 환경 속에서도 희망을 잃지 않고 노력한다면 반드시 좋은 날을 맞게 된다. 그렇다면 희망의 그 무엇이 인간을 시련으로부터 이겨내게 하는 것인가. 그것은 희망이 긍정의 에너지를 품고 있어 희망을 가진 사람에게 끊임없이 긍정의 에너지를 제공하기 때문이다.

　〈성 베드로 성당〉을 건축하고, 〈모세〉를 조각했으며 〈최후의 심판〉을 그린 미켈란젤로. 그는 건축가이자 조각가이며 화가로서 세계미술사에 길이 남는 인물이 되었다. 그가 세계적인 화가로 성공할 수 있었던 성공요인은 무엇일까. 대부분의 사람들은 그가 좋은 환경을 타고났다고 생각할 것이다. 그러나 그는 가난을 운명처럼 안고 살아야 했다. 신발이 없어 맨발로 다녀야 했고, 한 침대에서 세 명의 조수와 함께 잘 정도였다. 하지만 미켈란젤로는 자기에게 주어진 환경을 탓하지 않았다. 그에겐 최고의 작품을 남기겠다는 희망이 있었기 때문이다. 그는 희망을 갖고 최선을 다한 끝에 최고의 화가가 되었다.

이건희는 희망을 키우라고 말한다. 그 또한 삼성을 최고로 만들겠다는 희망을 품고 있었다. 그리고 철저하게 준비하고 노력한 끝에 오늘날의 삼성을 이루어낸 것이다.

희망을 버리지 않는 한 희망은 누구에게나 손을 잡아 준다. 희망과 좋은 친구가 되라.

희망은 희망을 가진 사람을 좋아한다. 그런 사람에게 좋은 에너지를 줌으로써 아름다운 결과를 이루게 한다. 늘 가슴에 희망을 품고 원하는 일에 최선을 다하라.

> 마음의 무게를
> 가볍게 하라.
> 마음이 무거우면
> 세상이 무겁다.
>
> _ 이건희 '어록'에서

마음의 무게를 가볍게 하라

◆

쓸데없이 걱정하는 것, 지나친 욕망에 사로잡히는 것, 극단적인 이기심에 빠지는 것, 남을 이기기 위해 무모하게 행동하는 것, 자기중심에 빠져 상대를 무시하는 것 등은 마음의 무게를 무겁게 한다. 이런 마음에 사로잡히면 판단력이 무디게 되고, 아무리 현명한 사람일지라도 사소한 일에도 흔들리게 된다.

마음의 무게를 가볍게 하기 위해서는 불필요한 걱정으로부터 자유로워지고, 욕망을 반 뼘 내려놓아야 한다. 또 상대를 배려하고 이기려고만 하는 마음의 족쇄에서 벗어나야 한다. 이런 마음을 갖게 되면 마음이 한없이 맑아지고 가벼워진다. 그래서 자신은 물론 다른 사람들을 사랑하고 존중하는 마음을 갖게 된다.

또한 자신이 하는 일을 사랑하고 책임감도 강하게 된다.

이건희는 오랜 세월 삼성을 이끌어 오며 수많은 사람들을 만나고, 수많은 경험을 했다. 세월의 나이는 그냥 먹는 게 아니다. 나이를 먹는 만큼 얻는 것도 많은 법이다. 특히 미래를 위해 꿈을 키우는 젊은이들은 이건희의 말에 귀를 기울일 필요가 있다. 세월에서 건진 말들은 금보다도 귀한 금언이기 때문이다.

마음의 무게를 가볍게 하라. 마음이 무거우면 세상도 무겁다. 반대로 마음의 무게를 가볍게 하면 세상도 가벼운 법이다.

무슨 일을 할 때 잘 안 되거나 힘들면 마음이 무겁다. 이럴 땐 연륜 있는 인생 선배의 따뜻하고 현명한 조언이 필요하다. 세월에서 건진 말들은 금보다도 귀한 금언이기 때문이다. 그렇다. 지혜가 필요할 땐 조언을 구하라. 그래야 마음의 무게가 가벼워진다.

우리가 지금
어디에 서 있는지,
어디로 가는지
파악하라.

_ '지행 33훈'에서

현실을 직시하라

◆

인생은 한 곳에 머무는 길이 아니다. 언제나 새로운 길로 나아가는 것이 인생이다. 한 곳에 머물게 되면 머지않아 썩고 만다. 생각도 마음도 몸도 정체되기 때문이다. 그러나 새롭게 자신을 혁신시키면 늘 새로운 길을 만나게 된다. 새로운 길로 나아가기 위해서는 현실을 직시하는 눈이 필요하다. 무턱대고 간다고 해서 다 새로운 길을 만날 수는 없다. 현실의 자신을 냉정하게 돌아보고 살필 줄 알아야 한다. 이런 눈을 갖게 되면 새로운 길로 나아가는 데 큰 힘이 된다.

지금의 나를 바로 보는 눈을 갖게 하는 것이 현실을 직시하는 능력이다. 현실을 직시하는 능력은 저절로 길러지는 게 아니다.

이 또한 노력에 의해서 길러진다. 그렇다면 현실을 직시하기 위해서는 어떻게 해야 할까.

첫째, 세상 돌아가는 것을 정확히 보는 눈을 가져야 한다. 그러기 위해서는 다양한 정보를 수집하고 분석하여 상황에 맞게 대비해야 한다.

둘째, 다양한 분야의 독서를 통해 폭넓은 지식을 쌓아야 한다.

셋째, 지피지기知彼知己는 백전백승百戰百勝이듯 상황을 정확히 꿰뚫는 통찰력을 키워야 한다.

이 세 가지를 마음에 담아 실천한다면 현실직시를 통해 자신이 원하는 삶을 살아가게 될 것이다.

현실직시現實直視는 말 그대로 '지금 현재를 바로 보는 것'을 말한다. 즉 자신의 현재의 상황을 정확하게 보고 그에 맞게 대처하면 좋은 결과를 이루는 데 큰 도움이 된다. 현실을 직시하는 눈을 길러라.

기회를 놓치기 않기

◈

'기회는 순간이다.'라는 말이 있다. 그렇다. 기회는 순간적으로 온다. 세상에서 가장 빠른 새는 송골매이다. 무려 시속 400킬로미터에 가깝다. 매가 먹잇감을 사냥하는 것을 보면 가히 순간적이다. 사냥감이 매를 보는 순간 이미 때는 늦다. 처절하게 잡히고 만다. 물총새가 물속의 고기를 낚아채는 것 또한 아주 순식간이다. 마치 전투기가 수직으로 내려오듯 물속을 향해 공격한다. 그러면 어김없이 물총새 부리엔 물고기가 물려 있다. 그야말로 번개 같은 민첩함이다.

인생의 기회 또한 순간적으로 온다. 그래서 기회가 왔다 해도 모르는 사람들이 태반이다. 기회를 포착한 사람들은 기회를 살려 성공한다. 특히 기업을 경영하는 사람은 기회에 민감하다. 늘 성공을 꿈꾸기 때문이다.

이건희는 이에 대해 기회는 눈 깜빡할 사이에 지나가니 순발력을 키우라고 말한다.

그렇다면 기회를 잡는 데 있어 순발력이란 무엇인가. 그것은 매가, 물총새가 먹잇감을 놓치지 않기 위해 기회를 노리는 것과 같다. 자신에게 주어진 기회를 잡기 위해 준비를 철저히 하는 것이야말로 기회를 잡는 순발력이다.

이건희의 성공엔 기회를 낚아채는 순발력이 크게 작용했음은 두말할 나위가 없다. 순발력을 키워라. 기회는 순발력이 관건이다.

기회는 온다는 말 없이 왔다 간다. 기회를 잡기 위해서는 기회가 올 때 잘 잡아야 한다. 그러기 위해서는 순발력을 키우고, 기회를 포착하는 눈을 길러라. 기회는 그런 사람에게 자신을 내어준다.

> 규율과 질서는 지키되
> 개인의 자율과 창의는
> 최대한 존중되어야 한다.
>
> _ 1993년 '삼성그룹 창립 55주년 기념식'에서

존중되어야 할 것

◆

기업이든 사회든 학교든 어디든 간에 규율과 질서는 반드시 필요하고 지켜져야 한다. 만일 규율이 없거나 질서가 지켜지지 않으면 혼란스러움으로 인해 모두가 피해를 보게 된다.

이건희는 이에 머물지 않고 개인의 자율과 창의는 최대한 존중되어야 한다고 말한다. 개인의 자율과 창의가 존중되어야 하는 이유는 무엇일까. 그것은 개인이 지닌 능력을 최대한 끌어내기 위한 가장 좋은 방법이기 때문이다.

개인의 자율을 살려주면 무한한 창의력이 발동하게 되지만 개인의 자율을 억압하면 그 사람이 가진 능력은 움츠러들게 된다. 만일 에디슨의 어머니가 아들을 주의력결핍 과잉행동장애

쯤으로 여겼다면 어떻게 되었을까. 아인슈타인의 어머니가 라틴어를 빵점 맞았다고 아인슈타인의 자율성을 억압했다면 어떻게 되었을까. 또 이웃집 아주머니에게 너는 작가가 될 수 없을 거라는 말을 듣고 낙심한 안데르센에게 그의 어머니가 같은 말로 대했다면 어떻게 되었을까. 에디슨도 아인슈타인도 안데르센도 그대로 묻히고 말았을지도 모른다. 그들은 현명한 어머니를 둔 덕에 자율성을 잃지 않고 창의력을 키운 끝에 최고가 될 수 있었다.

이건희는 경영자이지만 웬만한 제품은 분해하고 조립했다고 한다. 이는 무엇을 말하는가. 바로 자율성에 따른 창의력 키우기이다. 성공한 이들은 이런 과정 속에서 자기만의 새로운 것을 발견했음을 잊지 마라.

한 개인에게 있어 자율과 창의성은 생명과도 같다. 이것의 여부에 따라 성공적인 인생이 되기도 하고 평범한 인생이 되기도 하기 때문이다. 자율과 창의성은 반드시 필요한 마인드이다.

{ 내가 잘하면
모든 게
해결된다.

_ 이건희 '어록'에서 }

내가 잘하면 된다

◆

　자신도 제대로 못하면서 남을 비판하고 헐뜯는 사람들이 있다. 이런 사람들은 자신의 일도 못하고 누구에게도 도움이 안된다. 그런 사람들이 내뱉는 비판과 헐뜯음 따위에 휘둘려서는 안 된다. 자신에게 주어진 일만 잘하면 된다. 그러면 능력을 인정받고 자신의 자리를 확실하게 굳힐 수 있다. 특히 기업은 이윤을 창출하는 집단이다. 모든 임직원이 내가 잘하면 모든 게 해결된다는 마음을 갖는다면 만사가 대통한다.

　이건희는 경영을 하는 과정에서 이를 진리처럼 깨달았다. 잘되는 기업은 그만한 이유가 있다. 임직원들의 마인드가 잘되어 있다든지, 단결력이 좋다든지, 서로 간에 배려를 잘 한다든지,

68

자기계발을 위해 열심히 한다든지 잘되는 요인으로 가득하다.

　이건희는 이런 점을 임직원들에게 늘 상기시켰고, 특히 각 계열사 사장들에게 일침을 놓았다. 이건희는 자신의 요구를 받아들이지 않을 땐 절대 용납하지 않았다. 그것을 방치한다는 것은 자살행위나 마찬가지라는 걸 잘 알았던 것이다.

　이는 조직사회에서뿐만 아니라 개인에게도 마찬가지다. 자신이 하는 일을 잘하면 된다. 그러면 모든 게 잘 해결될 것이다.

기업이나 공직 사회나 어디서든 구성원의 마음 자세는 매우 중요하다. 스스로 내가 잘해야 한다고 마음을 다지게 되면 모두가 잘될 수 있다. 그렇다. 내가 잘하면 된다는 마음으로 매사에 적극 임하라.

우리는 단순한
이상주의자가 아니라
가장 위대한 실천가임을
행동으로 보여 주자.

_ 1993년 '삼성그룹 창립 55주년 기념식'에서

행동으로 보여 주기

◆

목표를 이루기 위해서는 생각만 해서는 안 된다. 또한 말만 앞
세워서도 안 된다. 생각으로만 끝나는 것은 이상주의자들이나 하
는 것이다. 자기 분야에서 성공한 사람들은 하나같이 위대한 실
천가들이었다. 실천만이 목표를 이루는 가장 확실한 방법이다.

이에 대해 미국의 저술가이자 강연가인 토머스 J. 빌로드는
이렇게 말했다.

"목표가 있어도 머뭇거리면 아무것도 얻을 수 없다. 목표가
세워지면 실천해야 그 어떤 것이든 취할 수 있는 것이다."

이건희 역시 같은 생각이었다. 그는 이상주의자가 기업을 경
영하거나 또는 자신이 원하는 것을 하는 일이 얼마나 무모한지

를 잘 알았던 것이다. 그래서 그는 자신 있게 말한다.

"가장 위대한 실천가임을 행동으로 보여 주자."

그렇다. 행동만이 자신이 바라는 것을 얻게 한다. 행동하지 않으면 그 어떤 것도 이룰 수 없다.

이건희는 자신의 말처럼 가장 확실한 실천가이자 행동주의자였다.

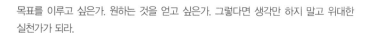

목표를 이루고 싶은가. 원하는 것을 얻고 싶은가. 그렇다면 생각만 하지 말고 위대한 실천가가 되라.

잘하는 사람을 격려하라

◈

유능한 감독은 잘하는 선수를 더 잘하게 하고, 실력 있는 교사는 잘하는 학생을 더 잘하게 하고, 리더십이 강한 경영자는 잘하는 직원을 더 잘하게 만든다. 그 비법은 과연 무엇일까.

이건희는 그것을 '격려'라고 말한다. 나는 여기에 한 가지를 덧붙여 칭찬과 격려라고 말하고 싶다. 격려와 칭찬은 사람들에게 기분 좋은 에너지를 팍팍 쏘아 준다. 격려와 칭찬은 엔도르핀을 솟아나게 함으로써 어려운 일도 해내게 하고, 힘들고 어려워도 끝까지 하게 만든다.

어느 기업에서 잘되는 팀과 잘 안 되는 팀을 비교 분석한 적이 있다. 잘되는 팀의 요인은 팀장의 따뜻한 격려와 칭찬이었

72

다. 팀장은 작은 일에도 칭찬하고 격려하였다. 실수를 하더라도 관대하게 응하며, 실수의 원인을 함께 분석하여 두 번 다시는 같은 실수를 하지 않게 했다. 그러자 팀원들은 자발적으로 자신이 맡은 일에 최선을 다했다. 이와 반대로 잘 안 되는 팀은 팀장이 사사건건 지적하고 문제를 제기하여 팀원들의 기를 꺾어버렸다. 팀원들은 움츠러들었고, 좋은 아이템이 있어도 그냥 흘려버렸다. 위의 예를 보더라도 격려와 칭찬이 얼마나 훌륭한 응원인지를 잘 알 수 있다.

이건희는 잘하는 직원에겐 그에 맞는 대우를 철저하게 하라고 했다. 좋은 대우만큼 훌륭한 격려는 없다.

잘하는 사람에게는 칭찬과 격려를 아끼지 마라. 칭찬과 격려는 돈 한 푼 들이지 않고 할 수 있는 최선의 '마인드 머니'이다.

기업은
혼자서만 잘해서는
안 되는
생명체이다.

_ 1993년 '한국경영학회 경영자대상' 시상식에서

기업은 생명체다

◆

이건희는 1993년 '한국경영학회 경영자대상' 시상식에서 '기업은 생명체'라고 말했다.

그렇다. 기업은 수많은 생명들로 구성되어진 커다란 생명체이다. 생명체인 사람이 건강하게 살아가려면 적절한 운동과 알맞은 영양을 섭취하고, 문화생활을 통해 경직된 몸과 마음을 풀어 주어야 한다. 그렇지 않고 방치한다면 건강을 해치게 되고, 마음에 노폐물이 쌓이게 됨으로써 행복한 삶을 영위할 수 없다.

이와 마찬가지로 수많은 사람들로 구성된 생명체인 기업도 탄탄한 경영 구조와 원활한 경영 시스템, 기업을 사랑하는 애사심이 뒷받침되어야 한다. 무엇보다 중요한 것은 기업은 단체조

직인 만큼 화합이 최우선적으로 선행되어야 한다는 것이다. 임직원 간에 끈끈한 동료애는 그 어떤 것보다 큰 힘을 발휘한다.

만약 혼자만 튀려고 한다면 문제를 일으킨다. 그것은 자칫 분열을 조장하게 되고, 분위기를 해치게 됨으로써 기업을 병들게 할 수 있다. 병든 기업은 잘될 수가 없다.

축구를 보더라도 개인플레이에 의존하는 팀은 팀플레이가 좋은 팀을 절대 이길 수 없다. 이는 그 어떤 단체 경기에서나 마찬가지이다.

이건희는 이 점을 잘 알았다. 그랬기에 그는 혼자만 잘하기보다는 협력하고 힘을 모아야 한다고 말했던 것이다. 협력은 모두를 잘되게 하는 '핵심경영요소'이다.

기업 경영자가 혼자만 잘되려고 하면 안 된다. 임직원 모두가 잘되는 것을 생각해야 한다. 그리고 임직원들도 개인플레이를 하면 안 된다. 모두가 협력을 도모해야 한다. 그래야 모두가 잘될 수 있기 때문이다.

불량 제품을
불태우다

삼성전자 무선전화기 사업본부는 품질이 떨어지는 상태에서 무리하게 제품을 생산하고 출시하였다. 그 결과 제품 불량률이 약 12%에 이르렀다. 1993년 이건희 회장이 프랑크푸르트에서 양보다 품질에 역점을 두라고 그토록 강조했건만 달라진 것은 없었다. 삼성전자는 5개의 모델 중 4개 모델의 생산을 중단했다. 그리고 무엇이 문제인지 문제 파악에 들어갔다. 그러나 시원한 원인과 해결책을 찾을 길이 없었다. 이 일이 이건희 회장의 귀에 들어갔다. 그는 화가 나서 이렇게 말했다.

"내가 그만큼 양보다 품질에 역점을 두라고 했건만, 어떻게 이런 일이 있을 수 있단 말입니까? 대체 무슨 생각으로 그렇게 한 겁니까? 불량 제품을 모두 수거해 임직원들이 지켜보는 가운데 태워버리세요."

이건희 회장의 말이 떨어지자마자 삼성전자는 전국 대리점에 있는 제품을 모두 수거하고, 동일 제품을 산 고객들의 제품을 교환해 주겠다는 내용을 발표하였다.

얼마 뒤, 삼성전자 구미사업장의 운동장에는 많은 임원들이 어두운 표정으로 앉아 있었다. 그리고 2,000명이 넘는 직원들이 줄을 맞춰 서 있었다. 운동장 한복판에는 무선전화기, 팩시밀리, 휴대폰 등 수많은 제품이 쌓여 있었다. 책임자가 지시를 하자 직원들이 망치로 깨부수기 시작했다. 그 모습을 지켜보는 임원들과 직원들의 어깨가 움찔거리며 얼굴이 일그러졌다. 이어 불을 질렀다. 차마 두 눈 뜨고 볼 수 없었다. 자신들이 만든 분신 같은 제품들이 산산조각이 나고 불에 타자 마음이 찢어지고 아팠다.

어떤 임직원들은 고개를 들 수가 없었다. 마치 죄인이 된 기분이었다. 그때 불태워진 제품은 500억 원이 넘었다. 이 모두가 자신들의 책임처럼 여겨지는 건 지극히 당연한 일이었다.

그 일이 있고 임직원들은 심기일전하여 품질 향상에 최선의 노력을 다했다. 그러자 제품의 품질이 달라졌다. 소비자들의 반응은 뜨거웠다. 품질은 소비자를 속이지 못하는 법이다.

1994년 국내 4위였던 시장점유율은 1위로 올라섰다. 놀라운 결과였다. 임직원들은 양보다는 품질이 앞서야 소비자들로부터 인정받을 수 있다는 것을 깊이 깨달았다. 이건희 회장의 결단은 임직원들의 마인드를 확 바꾸어 놓았다.

이렇듯 한 사람의 뛰어난 생각은 수만 명, 수십만 명, 수백만 명의 사람들보다도 큰일을 해낸다. 500억 원이라는 막대한 손실을 감행하여 임직원들의 자세를 변화시키고, 놀라운 성과를 거두었으니 이는 손실이 아니라 창의적이고 생산적인 투자였던 것이다.

CHAPTER 3

디지털
시대에
필요한 것

> 부정보다
> 더 파렴치한 것이
> 바로 사람을 망치는 일이다.
>
> _ 이건희 에세이 《생각 좀 하며 세상을 보자》에서

파렴치한 일

◈

어느 자동차 영업지점에서 있었던 일이다. 이곳에 군 장교 출신의 지점장이 새로 부임하였다. 그는 부임하자마자 직원들을 군대식으로 대했다. 직원들은 그의 돌출된 행동에 어이가 없었다. 그것은 사조직의 구조를 모르는 무식한 행위와도 같았기 때문이다.

이에 한 직원이 강력하게 반발하였다. 그는 근무태만을 내세워 이 직원을 다른 지점으로 발령을 냈다. 그리고 사사건건 직원들과 문제를 야기시켰다. 이 일은 노조가 결성되는 단초가 되었다. 당시만 해도 노조가 없었다. 이 일은 널리 알려졌고 각 지점마다 직원들이 단체행동에 나섰다. 하나가 된 직원들은 자신

들의 정당한 권익을 위해 노조 설립을 신청했고, 우여곡절 끝에 노조가 설립되었다.

그 후 문제를 야기한 지점장은 자질 부족을 이유로 자리에서 쫓겨났다.

숙련된 직원 한 사람을 키우기 위해서는 막대한 돈과 시간을 들여야 한다. 그런데 그런 직원을 자질이 부족한 팀장이나 상사가 사기를 떨어뜨리고 이직을 하거나 그만두게 한다면 이는 기업으로서는 큰 손실이 아닐 수 없다. 또한 한 사람의 인생을 짓밟는 것과 같다.

이건희는 사람을 망치는 일은 부정보다 파렴치한 일이라고 했다. 그가 인재를 얼마나 귀하게 생각했는지 이 한마디만으로도 알 수 있을 것이다. 사람만큼 귀한 존재는 없다. 사람을 소중히 대하라.

자신이 잘되고 싶다면 다른 사람을 소중히 여겨야 한다. 자신의 상사든 부하직원이든 사람을 소중히 여기면 결국 자신을 잘되게 한다. 사람을 망치는 일은 가장 파렴치한 일임을 명심하라.

디지털 시대는 총칼이 아닌
사람의 머리로 싸우는
두뇌전쟁 시대라고 할 수 있다.

_ 2000년 '신년사'에서

디지털 시대에 필요한 것

하루가 시시각각 급변하고 있다. 어제의 제도와 삶은 오늘에는 이미 낡은 것에 불과하다. 지금은 모든 것이 급변하는 디지털 시대다. 이를 다윈의 진화론적 관점에서 생각해 본다면 디지털 시대에 적응하면 살아남고, 적응하지 못한다면 처지거나 도태될 수밖에 없는 것이다.

이건희는 2000년 신년사에서 디지털 시대는 두뇌의 전쟁이라고 역설했다. 즉 창의력의 싸움이라는 것이다. 디지털 시대의 창의력은 제품의 구조, 디자인, 품질, 마케팅, 기업전략 등 모든 것이 해당된다. 이 중 어느 것 하나라도 처지게 되면 경쟁사에 뒤처질 수밖에 없다. 세계 스마트폰 시장에서 삼성과 애플은 치열한 경쟁을 벌이고 있다. 세계 시장에서 삼성 제품이 애플 제품보다 경쟁력에서 앞서자 애플은 디자인을 침해당했다는 구실로 사사건건 시비를 걸고 늘어졌다. 하지만 삼성은 물러서지 않고 조목조목 반박하며 애플의 억지주장을 무력화시켰다.

2012년 삼성은 애플을 누르고 스마트폰 시장 세계점유율 최고가 되었다. 삼성이 애플을 이길 수 있었던 것은 이건희 말대로 두뇌전쟁에서 이겼기 때문이다.

두뇌전쟁에서 이기는 자가 승리하는 시대이다. 진정으로 잘되고 싶다면 창의력을 길러라.

> 검약에 앞장서라.
> 약 중에 제일 좋은 약은
> 검약이다.
>
> _ 이건희 '어록'에서

제일 좋은 약은 검약이다

◈

아무리 많은 재산을 가지고 있어도 무분별하게 낭비를 한다면 언젠가는 바닥을 보이게 된다. 지금 수입이 좋다고 해서 사고 싶은 것 다 사고, 먹고 싶은 것 다 먹는다면 주머니는 한없이 가벼워질 것이다.

부자가 된 사람들의 공통점은 검소, 검약에 있다. 그들은 버는 족족 저축을 했다고 말한다. 돈 쌓이는 재미는 그 어떤 재미보다도 좋다고 한다. 부자들은 이 같은 재미를 즐겼던 것이다.

정주영 회장은 살아생전에 직원들에게 저축과 절약을 강조했다. 그 또한 검약의 소중함을 잘 알았던 것이다. 그는 구두가 해지도록 신고, 십수 년도 더 지난 옷을 입고, 먹는 것도 검소했던 것으로 유명하다.

이런 점에서 이건희 또한 마찬가지다. 그는 사람들에게 검약에 앞장서라고, 검약은 참 좋은 것이라고 말한다.

예전에 어떤 이에게 들은 말이 기억에 남는다.

"땀방울을 흘리며 번 돈은 돈이 아니라 생명의 피입니다."

돈에 대한 그의 철학이 놀라웠다. 그는 자수성가로 200억이 넘는 재산을 가진 부자였는데, 그가 돈을 모은 결정적인 방법은 검약이었다. 그는 그렇게 번 돈을 장학금으로 쓰고, 가난한 이들을 돕고 있다. 그런 사람이야말로 진정한 부자이다.

아무리 돈이 많아도 무분별하게 낭비하면 금고가 동나게 된다. 하지만 넉넉지 않아도 검소하게 생활하면 금고가 비는 일은 절대 없다. 검소하라. 검소함이 미덕이다.

떡은 만들어서 먹어라

◆

남이 주는 떡은 일단 맛이 있다. 그래서 남이 주는 떡에 맛을 들이면 계속 받아먹으려고만 하게 된다. 그것은 자신을 무능력한 사람으로 만드는 일이다. 달콤함이 주는 유혹은 언제나 위험성을 안고 있는 법이다.

미국에서 있었던 일이다. 사람 손에 길들여진 사자가 있었다. 이 사자는 300킬로그램이나 되는 거구였다. 그런데 먹잇감이 옆에 있어도 스스로 잡지 못하고, 개가 짖는 소리에도 놀라 도망을 쳤다. 야생 사자는 1톤이나 되는 물소도 사냥할 만큼 강한데, 개 짖는 소리에 놀라다니 그야말로 백수의 왕 체면이 말이 아니었다.

사람 손에 길들여진 사자는 사람이 주는 먹이의 달콤함에 맹수의 본능을 잃어버린 것이다. 하지만 야생 사자는 스스로 먹잇감을 사냥해야 하기 때문에 강해질 수밖에 없다.

남이 주는 떡을 좋아해서는 안 된다. 당당하게 살아가기 위해서는 이건희의 말처럼 스스로 떡을 만들어 먹어야 한다.

지금 우리 사회에는 캥거루족이니 니트족이니 해서 부모의 도움을 받는 젊은이들이 많다. 자칫 받아먹는 떡의 달콤함에 길들여질 위험성이 다분하다. 아무리 힘들고 어려워도 스스로 떡을 만들어 먹어야 한다. 그런 떡이야말로 진정으로 맛있는 법이다.

남이 주는 떡에 길들여지지 마라. 그것은 자신의 능력을 소멸시키는 일이다. 떡이 먹고 싶다면 스스로 만들어 먹어라. 그래야 스스로에게 떳떳하고 뒤탈이 없는 법이다.

> 책임을 맡고 있는 사람들이
> 점포에 안 가 보는 것은
> 업무태만이 아니라
> 기만인 것이다.
>
> _이건희 '어록'에서

책임 맡은 자의 자세

◆

책임을 맡은 자는 자신의 책임을 한 치의 소홀함 없이 완수해야 한다. 그렇지 않으면 책임자로서의 자격이 없다.

앤드루 카네기는 사람을 다루는 데 있어 천부적인 소질을 타고났다. 그는 어떻게 하면 사람들이 책임감을 갖고 일을 할지 잘 알고 있었다. 그는 찰스 슈왑이라는 사람에게 100만 달러의 연봉을 주었는데 그 이유는 찰스 슈왑 역시 자신처럼 책임감이 강할 뿐만 아니라 아랫사람들을 다루는 능력이 매우 뛰어났기 때문이다. 찰스 슈왑에게 보고 배운 사람들 역시 책임감이 뛰어났으며 부하직원들을 다루는 능력이 뛰어났다. 찰스 슈왑은 철저한 책임감으로 카네기의 마음을 사로잡았다. 그런 까닭에

100만 달러를 연봉으로 받았던 것이다.

이건희는 책상에 앉아 있는 대신 발로 뛰라고 말한다. 대리점이나 지점을 직접 가보지도 않고 자리에 앉아 보고만 받는 책임자는 업무태만을 넘어선 기만이라고 했다. 철저한 책임감이야말로 기업을 살린다고 믿은 것이다. 카네기와 이건희의 경우에서 보듯 초특급 경영자들은 마인드 자체가 다르다는 걸 알 수 있다.

직장생활을 하든 사업을 하든 성공하고 싶다면 책임을 다하라. 철저한 책임감이야말로 가장 뛰어난 능력이다.

책임감이 강한 사람과 그렇지 않은 사람의 차이는 자신이 하는 일을 의무적으로 하느냐, 그렇지 않느냐에 달렸다. 책임에 대한 의무감을 가져라. 책임에 대한 의무감을 갖게 될 때 책임을 다하려는 욕구가 강해진다.

1등 제품은
시장의 양적 점유율뿐만 아니라
그 질적 가치, 수익력,
그리고 브랜드 이미지 등이
모두 세계 최고 수준으로 올라야 한다.

_ 2000년 '신년사'에서

1등 제품의 가치

◆

이건희는 2000년도 신년사에서 1등 제품은 시장의 양적 점유율뿐만 아니라 그 질적 가치, 수익력, 그리고 브랜드 이미지 등이 모두 세계 최고의 수준으로 올라야 한다고 임직원에게 강조했다.

이 말에서 그가 얼마나 세계 최고가 되고 싶은 욕망을 갖고 있는지를 잘 알 수 있다. 그의 말을 따르면 진정한 세계 최고가 되려면 첫째는 양적으로 세계 최고로 성장해야 하고, 둘째는 질적으로 세계 최고로 성장해야 하고, 셋째는 수익력으로 세계 최고로 성장해야 하고, 넷째는 브랜드 즉 기업의 이미지 가치를 세계 최고로 끌어올려야 한다는 것이다.

삼성이 세계 최고가 되기 위해 반드시 해야 할 일을 정확하게 분석했다고 할 수 있다. 이 중 한 가지만 빼앗긴다 해도 세계 최고가 될 수 없기 때문이다. 세계 최고가 되지 못한다면 2류나 3류로 남게 된다. 이건희는 이를 너무나도 잘 알았던 것이다.

20년이 흐른 지금 삼성은 세계의 경제 중심에 우뚝 서 있다. 세계 최고가 된다는 것은 하늘의 별을 따는 것만큼이나 어렵다. 하지만 세계 최고가 되기 위해 그 이상으로 노력하는 자는 세계 최고가 될 수 있음을, 최고가 된 이들이 증명해 주었음을 기억하라.

1등 제품의 가치는 그 자체만으로도 소비자들에게 제품에 대한 강한 믿음을 준다는 데 있다. 소비자의 선택의 기회를 집중시키기 때문이다. 마찬가지로 자신의 분야에서 1등이 된다면 그것만으로도 자신을 최고가 되게 할 수 있다.

{ 부지런하라.
부지런은
절반의 복을
보장한다. }

_ 이건희 '어록'에서

부지런하라

◆

하버드대학교 교수를 지낸 탁월한 심리학자 윌리엄 제임스는
이렇게 말했다.

"인생을 바꾸려면 지금 당장 시작하여 눈부시게 실행하라. 결
코 예외는 없다."

이 말은 지금과 다른 자신으로 거듭나고 싶다면 지금부터 당
장 부지런히 힘쓰라는 것이다.

도연명은 그의 시에서 '급시당면려及時當勉勵', 즉 '때를 놓치지
말고 부지런히 힘써서 하라.'고 했다.

윌리엄 제임스나 도연명은 살았던 시기가 다르고 나라도 다르
지만 그들이 남긴 말은 일맥상통한다는 걸 알 수 있다.

게으른 거지는 있어도 부지런한 거지는 없는 법이다. 부지런한 꿀벌은 슬퍼할 겨를이 없으며, 일찍 일어나는 새가 먼저 먹이를 먹는 법이다.

"부지런하라. 부지런은 절반의 복을 보장한다."

자기 분야에서 1등이 된 이들은 하나같이 부지런했고, 게으름을 경계하였다. 그랬기에 장애물들을 극복할 수 있었고, 그 대가로 '성공의 트로피'를 손에 쥘 수 있었다.

'부지런한 꿀벌은 슬퍼할 겨를이 없다.'는 서양 격언이 있다. 할 일이 많은데 어찌 슬퍼하고만 있으랴. 잘되고 싶다면 항상 부지런하라. 부지런이야말로 '성공의 열쇠'이다.

신경영을 시행한 목적

◆

이건희는 2003년 '신경영 10주년 기념사'에서 신경영을 안 했으면 삼성은 2류나 3류로 전락했거나 망했을지도 모른다고 말했다. 그의 말 속에서 자신이 신경영을 한 것에 대한 확신과 자신감이 들어 있음을 알 수 있다.

뛰어난 리더의 몇 가지 덕목이 있다.

첫째, 자신만의 철학이 뚜렷하다. 철학이란 그 사람의 중심 생각이다. 중심이 반듯하면 어떤 상황에서도 흔들리는 법이 없다.

둘째, 미래를 예측하는 눈이 밝다. 마치 독수리가 수백 미터 상공에서도 사냥감을 주시하고 신속하게 사냥하듯 앞으로 일어날 일을 계획하고 대비할 때 좋은 결과를 얻게 된다.

셋째, 판단력과 결단력이 뛰어나다. 아무리 기획을 잘하고 예측을 잘해도 판단력이 부족하거나 결단력이 부족하면 성공하지 못한다. 모든 성공은 뛰어난 판단력과 결단력에 있다.

넷째, 아랫사람들의 말을 잘 경청한다. 이런 리더에게는 누구나 마음을 열게 된다. 경청하는 리더를 잘 따름으로써 화합이 잘돼 성공적인 결과를 이끌어내는 것이다.

이건희는 독선적인 면도 강했다. 그것이 사람들을 불편하게 하기도 하지만 강한 추진력으로 작동하여 성공으로 이끌게 했다. 그는 경청에 익숙하고, 정확한 예측과 신속한 결단력을 가진 뛰어난 리더였음에 틀림없다.

기업이 새로워지려면 신경영을 시도해야 한다. 그래야 지금과 다른 기업으로 거듭날 수 있다. 사람도 마찬가지다. 지금과는 다른 나를 시도해야 새로운 내가 될 수 있다.

첨단 경영의
승리자가 되기 위해서는
남보다 앞서는 정보력과
기업 안보 차원의
홍보력 강화가 필수 조건이다.

_ 1993년 '신년사'에서

첨단 경영 승리자의 조건

◆

이건희는 정보력과 홍보에 대해 유달리 관심이 많았다. 이는 기업을 하는 데 있어 필수 조건이기 때문이다.

1993년 신년사에서 그는 이렇게 말했다.

"첨단 경영의 승리자가 되기 위해서는 남보다 앞서는 정보력과 기업 안보 차원의 홍보력 강화가 필수 요건이다. 이를 위한 비용은 지출이 아니라 선행 투자이다."

정보력 확보와 홍보를 위해 쓰는 돈을 철저한 투자 개념으로 생각한다는 데서 그가 뛰어난 자질을 가진 경영자라는 것을 잘 알 수 있다. 지금이야 마케팅과 홍보를 기업을 살리고 죽이는 생명줄로 여기지만 1993년만 해도 그렇게 절실하게 생각하는 경영자는 많지 않았다. 그런데 이건희는 이를 꿰뚫고는 '선행투자', 즉 결과를 알지 못하지만 먼저 투자를 과감하게 시행해야 한다고 밝혔다.

이건희의 이런 저돌적인 경영방식은 때론 외부로부터 저항을 받기도 했지만, 그는 주눅 들지 않고 자신의 길을 당당하게 걸어간 끝에 자신이 옳았음을 결과로써 증명해 보였다.

이건희의 말은 곧 실천의 시작이며, 결과는 언제나 성공으로 마무리된다.

현대는 정보와 홍보의 시대이다. 정보와 홍보의 중요성이 그 어느 때보다 크기 때문이다. 이는 국가든 기업이든 개인이든 마찬가지다. 잘되고 싶다면 정보력을 높이고 홍보를 극대화하라.

멈췄다 가라

◆

살아가다 보면 체증에 걸린 것처럼 일이 꼬일 때가 있다. 이럴 땐 잠시 템포를 늦춰 숨을 고르거나 문제 점검에 나서야 한다. 억지로 무리하게 끌고 가려고 하니까 문제가 발생하는 것이다.

언젠가 장거리 여행을 한 적이 있다. 출발하기 전 자동차에 약간의 문제가 있었다. 시동을 거는데 매끄럽게 걸리지 않았다. 하지만 일시적인 문제라고만 생각하고 일단 떠났다.

그런데 한동안 잘 가던 차가 갑자기 시골 국도에서 멈추어 서고 말았다. 지나다니는 차들도 별로 없었다. 보닛을 열고 이리저리 살펴보았지만 알 수가 없었다. 가장 가까운 자동차 정비소에 전화를 했더니 2시간 이상을 기다려야 한다고 했다. 할 수 없이 앉아 쉬고 있는데 갑자기 웬 승용차가 멈추더니 차를 살펴보았다. 그리고는 점화플러그에 문제가 있다고 하며 잠시만 기다리라고 하고 가더니 20여분 후 돌아와서 새 점화플러그로 교체해 주었다. 그러자 부드럽게 시동이 걸리는 게 아닌가.

이 일로 나는 깨달은 게 있다. 그것은 바로 이건희가 말한 것처럼 문제가 보이면 정비를 하고 출발해야 한다는 것이다.

인생도 일도 이와 같다. 막히면 멈췄다 가고, 문제가 있으면 정비를 한 다음 가야 하는 것이다. 이것을 잊을 때 문제가 발생한다는 것을 잊지 마라.

살다 보면 인생이 정체될 때가 있다. 하는 일에 문제가 생길 때도 있다. 이럴 땐 억지로 하려고 하지 말고, 천천히 숨을 고르면서 무엇이 문제인지를 살펴보라. 그러면 문제가 보일 것이다. 그때 차분히 문제를 해결하라.

> 더운밥 찬밥 가리지 마라.
> 뱃속에 들어가면
> 찬밥도 더운밥이 된다.
>
> _ 이건희 '어록'에서

일을 가리지 마라

세계 영화사에 한 획을 그은 스티븐 스필버그는 이렇게 말했다.

"나는 밤에만 꿈꾸는 게 아니라 하루 종일 꿈을 꾼다. 나는 먹고살기 위해 꿈을 꾼다."

스필버그는 영화감독이 되기 위해 밤낮으로 할리우드를 찾아갔다. 사람들이 그를 영화사 직원으로 알 정도였다. 스필버그는 꿈을 위해 일을 거들며 일을 배웠다.

그 결과 그는 세계 영화사상 최고의 흥행감독, 최고의 명감독이 되었다.

조지 소로스는 조국 헝가리가 독일에 점령당하자 영국으로 갔다. 그는 런던에서 웨이터, 짐꾼 등의 온갖 잡일을 하며 학비를 벌었고, 식비를 줄이기 위해 손님들이 남긴 음식 찌꺼기를 먹으면서 경제학을 공부했다. 찬밥 더운밥 가릴 처지가 아니었기 때문이다. 학교를 마친 그는 증권회사에서 일을 하며 마침내 세계 최고의 펀드 매니저가 되었다.

이건희는 말한다. 더운밥 찬밥 가리지 말라고. 뱃속에 들어가면 찬밥도 더운밥이 된다고. 그런데 우리 사회에는 더운밥 찬밥을 가리는 이들이 많다. 꿈을 이루고 싶은 마음이 절실하다면 조지 소로스처럼 찬밥 더운밥 가리지 말아야 한다. 꿈은 언제나 이루려고 애쓰는 자에게 꿈을 선물한다. 이건희 말은 그래서 더욱 설득력이 있는 것이다.

자신에게 맞는 일만 찾으려면 언제 찾게 될지 모른다. 어떤 일이든 할 수 있다면 하라. 하다 보면 분명 기회가 온다. 이것은 성공한 이들이 공통적으로 하는 말이다. 그렇다. 이를 믿고 행하면 자신에게 맞는 일이 찾아올 것이다.

> 자기 스스로 변해야 한다.
> 절대 남이
> 바꿔 주지 않는다.
>
> _ 이건희 '어록'에서

스스로 변해야 한다

◆

사람들은 대개 자신의 문제점을 잘 알고 있다. 그래서 어떤 이는 자신의 문제점을 고치기 위해 새로운 변화를 시도한다. 그리고 마침내 새로워짐으로써 새로운 자신으로 거듭난다.

하지만 어떤 이는 변해야 하는 걸 알면서도 자신을 새롭게 하는 일에 등한시한다. 그 이유는 첫째, 미루는 습관 때문이다. 이런 사람들은 지금 안 하면 내일 하면 되고, 내일 못하면 그 다음 날 하면 된다는 생각에 빠져 있다. 둘째, 게으름 때문이다. 게으름은 아주 심각한 골칫덩어리이다. 셋째, 새로운 변화를 두려워하기 때문이다. 변화의 두려움에 갇히다 보면 그 어떤 것도 할 수 없게 된다.

이건희는 남이 자신을 바꿔 주기를 기다리지 말고 스스로 변해야 한다고 말한다. 그렇다. 남이 바꿔 주는 데는 한계가 있다. 또한 그것은 타율적인 것이라서 곧 시들해질 수가 있다.

그러나 스스로 변하는 사람은 자율적인 마인드를 갖고 있어 마음만 먹으면 언제든지 새롭게 변할 수 있다. 미국의 전기 작가인 게일 쉬이는 "변화하지 않으면 성장할 수 없다."고 말했다. 그렇다. 변화해야 할 때 변화해야 발전할 수 있는 것이다.

변화에 대한 두려움이 있다면 그 두려움을 버려라. 게으르다고 생각하면 게으름을 버리고, 미루는 습관이 있다면 그 습관을 버려라. 변화의 힘을 믿고 자신을 발전시키는 일에 혼신을 다해야 한다.

타인이 나에게 조언을 해 줄 수는 있어도 내가 해야 할 일을 대신 해 주지는 않는다. 스스로가 변하도록 노력해야 한다. 그것보다 더 확실한 방법은 없다.

> 세상에 우연은 없다.
> 한번 맺은 인연을
> 소중히 하라.
>
> _ 이건희 '어록'에서

우연은 없다

이건희는 세상에 우연은 없다고 말한다. 세상의 모든 일은 필연에 의해서 연계되고 이루어진다는 것이다. 그렇기 때문에 한번 맺은 인연을 소중히 하라고 말한다.

나는 이 말에 대해 전적으로 동의한다. 나 역시 인연의 소중함을 누누이 강조하곤 한다. 그런데 나이를 먹고 세상의 이치를 알 만한 사람은 물론, 새로운 인생을 개척해 나가는 젊은이들 중엔 이처럼 소중한 인연을 길가에 구르는 깡통만큼도 여기지 않는 이들이 의외로 많다.

그렇다면 왜 그처럼 행동하는 것인가. 첫째, 매사를 계산적으로 생각하기 때문이다. 이는 자신의 이익을 좇아 사람을 대하는 데 기인한다. 둘째, 배타적인 생각의 지배를 받기 때문이다. 이런 생각이 위험한 것은 모든 것을 자기중심적으로 생각한다는 것이다. 셋째, 인간에 대한 애정이 얕기 때문이다. 즉 인간에 대한 신뢰성이 부족한 데에서 오는 인간관계의 결핍이 원인이다.

인간관계의 결핍은 자신을 소멸시키는 일과 같다. 인간은 혼자서는 살 수 없는 존재다. 그런데 왜 그것을 망각하는가.

이건희는 많은 사람들과 조우하면서 인간관계의 중요성을 잘 알게 되었다. 그랬기에 인연을 소중히 하라고 권유하는 것이다.

사람은 살아가는 동안 많은 인연을 맺게 된다. 그런데 인연 중에도 생산적인 인연이 있는가 하면 비생산적인 인연이 있다. 생산적인 인연은 큰 힘이 되지만, 비생산적인 인연은 마이너스로 작용한다. 인연을 소중히 하되 잘 맞는 사람과의 인연을 돈독히 하라.

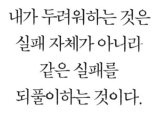

내가 두려워하는 것은
실패 자체가 아니라
같은 실패를
되풀이하는 것이다.

_ 이건희 에세이 《생각 좀 하며 세상을 보자》에서

두려워해야 할 것

◆

이건희는 실패는 해도 좋다고 말한다. 왜냐하면 실패를 통해 새로운 가치를 발견할 수 있기 때문이다. 하지만 똑같은 실패를 되풀이하는 것은 경계한다. 그것은 실패를 제대로 인식하지 못했다는 방증이기 때문이다.

실패를 하지 않는 사람은 없다. 그 어떤 천재라도 실패를 한다. 실패는 사람이기 때문에 할 수밖에 없는 것이다.

그렇다면 문제는 어디에 있는가. 어떤 이는 실패를 통해 새로운 가치를 발견해 자신을 업그레이드 시키며 자신은 물론 타인들에게 삶의 의미를 부여한다. 반면 어떤 이는 실패를 통해 새로운 자신으로 거듭나지 못하고 주저앉아버린다. 이처럼 비생산적인 일은 없다. 그것은 곧 자멸을 뜻하기 때문이다.

　이건희는 실패의 가치를 너무도 잘 알고 있었다. 그가 생각하는 실패의 가치는 생산적이고 창의적이다. 이러한 실패의 가치를 제대로 활용할 수 있다면 성공적인 인생으로 이끌기에 충분하다.

　이 세상에 존재하는 모든 제품은 수많은 실패 끝에 탄생되었다. 그 어느 것도 단 한 번에 이룬 것이 아닌 실패의 소산물이다.

　실패했다고 좌절하지 마라. 다시는 같은 실패를 하지 않으면 된다. 실패는 성공의 어머니라는 말은 그래서 유효한 것이다.

사람은 누구나 실패를 한다. 그러나 같은 실패를 되풀이하는 것은 경계해야 한다. 그것은 자신을 어리석은 존재로 퇴락시키기 때문이다. 그렇다. 두려워해야 할 것은 같은 실패를 반복하는 것이다.

나는 어려서부터
수없이 많은 물건을 구매하여
뜯어보았다.
그 속을 보고 싶었기 때문이다.

_ 이건희 에세이 《생각 좀 하며 세상을 보자》에서

직접 확인해 보라

◆

에디슨은 주체할 수 없는 호기심으로 세계 최고의 발명가가 되었고, 크라이슬러는 은행에서 대출받은 돈으로 새 자동차를 사서 분해하고 연구한 끝에 자신만의 자동차를 만들어 미국 3대 자동차 중 하나인 크라이슬러사를 창립했다. 마이크로소프트사의 창립자인 빌 게이츠나 애플을 창립한 스티브 잡스 또한 자신의 분야에 철저한 연구자이자 분석가임을 알 수 있다.

이건희 또한 어린 시절부터 물건을 뜯어보는 습관이 있었다. 그 안의 구조를 알고 싶었기 때문인데, 이런 호기심은 그에게 철저한 연구와 분석 능력을 길러주었다. 그의 집 지하실엔 그만의 연구실이 있을 정도로 그는 늘 분석하고 연구한다. 그래서인지 제품에 대한 이건희의 기술력은 전문가 수준을 능가한다고 한다. 삼성에서 만드는 모든 제품을 세계 최고의 수준이 되게 할 수 있었던 것은 우연이 아니었던 것이다.

이건희를 가리켜 냉정하고 철저할 만큼 황제경영을 주도하는 사람이라고 말하는 사람들이 있다. 하지만 이는 그의 이면을 잘 모르고 하는 말이다. 프로는 자신이 하는 일에 최선의 능력을 발휘한다. 성공하고 싶다면 자신이 좋아하는 일에 최고의 전문가가 되어야 한다.

무엇을 만드는 데 있어 가장 확실한 것은 그 제품을 낱낱이 확인해 보는 것이다. 확인하다 보면 어디에 무슨 부품이 들어간다는 것을 알게 된다. 그래서 직접 확인해 보는 것은 매우 중요하다.

레슬링이 주는 교훈

이건희 회장은 학창 시절 레슬링부에 들어가 열심히 레슬링을 연습하였다. 땀을 흘리며 한참을 뒹굴고 나면 힘은 들었지만 꽉 막힌 그 무엇이 빠져 나간 듯 기분이 좋았다. 운동을 좋아하는 사람은 이런 기분 때문에 운동을 한다고도 하지만 이건희는 또 다른 이유에서였다. 그것은 현실이라는 고독함과 외로움을 이겨내는 방법이기도 했다.

그는 어린 시절부터 부모와 떨어져 일본에서 유학을 했기 때문에 늘 혼자였고, 외로움에 젖어 있었다. 레슬링은 자신과의 싸움이라 레슬링을 통해 습관처럼 되어버린 외로움을 극복하는 데 큰 도움이 되었던 것이다.

이런 이건희를 아버지는 달가워하지 않았지만 하다가 말겠지, 하며 그대로 두었다. 그러나 이건희는 여전히 레슬링에 심취하였고, 실력도 수준급이었다. 그는 전국대회에서 입상을 하는 쾌거를 이루었다. 이건희는 자신이 좋아하는 일로 목표를 세우고 도전한 끝에 얻어낸 성취감에 기분이 좋았다. 그리고 한층 높은 목표를 세워 더욱 레슬링에 몰두하였다. 그의 상체가 발달한 것도 레슬링을 한 결과였다.

그러나 레슬링을 오래 할 수 없었다. 이건희의 어머니가 교장을 찾아가 아들을 레슬링부에서 빼달라고 했기 때문이다. 이건희는 다시 일본으로 유학 가라는 아버지의 말에 따라 일본으로 갔다.

레슬링을 계속할 수는 없었지만 레슬링은 이건희에게 몇 가지 큰 교훈을 주었다.

첫째, 자신과의 싸움에서 이기는 마인드를 길러 주었다.

둘째, 목표설정에 대한 확고한 신념을 길러 주었다.

셋째, 상대를 공략해 이기는 것이야말로 진정한 승리라는 것을 깨닫게 했다.

넷째, 레슬링의 룰을 통해 규칙과 원칙의 중요성을 알게 되었다.

레슬링은 이건희 회장이 삼성의 최고경영자로서 성공하게 된 원동력이 되었다 해도 과언이 아닐 것이다.

CHAPTER 4

결단은
신속히
하라

> 바둑 1급 열 명이
> 힘을 모아도
> 바둑 1단 한 명을
> 이길 수 없다.
>
> _ 이건희 '어록'에서

실력 있는 자가 이긴다

일당백一當百이라는 말이 있다. 한 사람이 백 사람을 능가할 만큼 실력이 있다는 말이다. 이처럼 뛰어난 사람은 아무리 숫자가 많아도 이길 수 없다.

이건희는 이에 대해 "바둑 1급 열 명이 한 사람의 1단을 이기지 못한다."라고 바둑에 빗대어 말했다.

그렇다. 언젠가 뛰어난 무술 유단자가 열 명이 넘는 사람과 대결해서 이기는 것을 본 적이 있다. 실력이 있는 자는 상대의 수가 얼마가 되더라도 당황하거나 기가 꺾이지 않는다. 그만큼 자신이 있기에 결코 문제가 되지 않는 것이다.

글로벌 시대에 상대보다 앞서기 위해서는 실력을 길러야 한다. 개인이든 기업이든 상대보다, 상대 기업보다 실력이 앞서야 더 나은 결과를 얻을 수 있다. 그렇지 않으면 절대로 상대를 앞설 수 없다.

그런데 말로만 앞서는 사람들이 있다. 실천이 따르지 않는 호언장담은 바람에 날리는 겨와 같다.

현대는 치열한 경쟁시대이다. 이건희가 말했듯이 자기만의 실력을 길러라. 많이 아는 자가 모두를 이기고, 결국에는 최고의 자리에 오르는 법이다.

'아는 것이 힘이다.'라는 말이 있듯, 많이 알수록 힘은 더 커지고 세진다. 왜 그럴까. 그만큼 실력이 쌓이기 때문이다. 경쟁에서 이기고 싶다면 실력을 길러라.

서비스에서
가장 중요하게 여겨야 할 것은
기술력을 바탕으로 하는
고객 만족이다.

_ 삼성전자 40년 '도전과 창조 정신'에서

서비스에서 중요하게 여겨야 할 것

◆

고객이 제품을 선택하는 데는 몇 가지 조건이 있다.

첫째, 제품의 품질이 우수해야 한다.

둘째, 디자인이 우수하고 사용하기에 편리해야 한다.

셋째, A/S가 신속하고 친절해야 한다.

넷째, 고객을 생각하는 기업의 이미지가 좋아야 한다.

이 중 하나라도 문제가 있으면 그 제품을 선택하는 데 있어 조심스럽다.

이건희는 이에 대해 삼성전자 40년 '도전과 창조 정신'에서 이렇게 말했다. "서비스에서 가장 중요한 것은 기술력을 바탕으로 하는 고객 만족이다."

그는 이처럼 서비스에도 1등 주의를 내세운다. 그것이 곧 기술력이라는 것이다. 그러니까 고객이 OK 할 수 있도록 기술력을 갖추라는 거다.

이건희의 말은 매우 일리가 있다. 제품은 좋은데 서비스가 엉망이라서 다음번엔 그 회사의 제품을 구매하지 않는 고객이 참 많다. 이렇게 되면 결국 그 기업은 경쟁력을 잃게 된다. 1등 서비스가 기업을 키운다. 서비스는 그 기업의 얼굴과도 같기 때문이다.

기업이 중요하게 여겨야 하는 것은 서비스이다. 아무리 물건이 우수해도 서비스가 나쁘면 고객은 등을 돌린다. 무슨 일을 하든 고객이 만족해야 한다는 것을 명심하라.

리더의 몸은
그 자신만의 몸이 아니라
그를 따르는
모든 사람이 지켜보고 있다.

_ 이건희 에세이 《생각 좀 하며 세상을 보자》에서

리더의 몸

◆

기업이든 공공기관이든 군대든 리더의 역할은 매우 중요하다. 리더는 뛰어난 판단력과 결단력을 갖춰야 하고, 관용과 배려심이 뛰어나야 하고, 책임감이 강하고 냉철함을 갖춰야 한다. 그리고 앞일을 예측하는 감을 지녀야 하며, 도전 정신이 뛰어나야 하고, 다양한 분야에서 풍부한 지식을 갖춰야 하며, 또한 건강해야 한다.

한 사람의 뛰어난 리더는 전체를 일사불란하게 움직이게 한다. 그리고 모두가 만족할 수 있도록 이익이 돌아가게 한다. 그러나 그렇지 않은 리더는 오합지졸이 되게 하고, 불만족스러운 결과로 인해 불신을 받는다.

이건희는 리더의 몸은 그 자신의 것만이 아니라 그를 따르는 모두의 것이며 그들이 주시하고 있다고 주장한다. 그렇다. 리더는 자신과 모두를 위해 막중한 신분이다. 그렇기 때문에 경거망동해서도 안 되고 매사에 철저해야 한다.

윈스턴 처칠이 영국 국민에게 존경받은 이유는 그가 영국의 자존심을 지키고, 자신들이 세계 일류국민이라는 자긍심을 심어 주었기 때문이다.

훌륭한 리더가 되고 싶다면 리더로서의 조건을 갖추어라. 자신을 따르는 사람들을 위해 자신을 함부로 하지 말 것이며, 전체를 위해 리더로서의 책임을 다해야 한다.

훌륭한 리더가 되고 싶다면 리더로서의 조건을 갖춰야 한다. 그래야 일사불란하게 사람들이 따르게 할 수 있다. 그래서 리더는 사람들과 하나가 될 수 있도록 해야 하는 것이다.

{
조직이
젊어져야 한다.
젊게 해야 한다.
}

_ 2010년 〈머니투데이〉에서

조직을 젊게 하기

◈

델 컴퓨터의 창업자이자 최고경영자인 마이클 델. 그는 어떻게 해서 세계적인 경영자가 될 수 있었을까. 그가 가장 주목했던 것은 바로 고객에게 맞추기 위한 합리적이고 효율적인 기업 조직이다. 다시 말해 조직을 잘 구성해야 기업이 발전할 수 있다는 것이다. 마이클 델은 "조직을 구성하려면 전략이 필요하다."는 말을 입버릇처럼 했으며 그대로 실행에 옮겼다.

그는 조직 구성에 맞는 인재를 적재적소에 배치하여 신속하고 활발하게 진행토록 했다. 이러한 맞춤 조직은 조직 간에 소통이 잘 되고, 연계성이 뛰어나 조직을 젊게 만든다. 마이클 델의 성공은 바로 긴밀하고 민첩한 조직의 혁명에 있었다.

이건희 역시 "조직이 젊어져야 한다. 젊게 해야 한다."고 말했다.

조직이 젊어져야 한다는 것은 젊은 사람들로만 조직을 구성한다는 것이 아니다. 그것은 조직이 원활하게 움직일 수 있도록 조직 간에 커뮤니케이션이 잘 되고, 연계성이 뛰어나야 함을 말한다. 이건희나 마이클 델의 생각은 닮은 데가 있다. 그랬기에 이들은 자신의 분야에서 최고가 될 수 있었던 것이다.

❀

조직이 젊다는 것은 젊은 사람들로만 구성됐다는 의미가 아니다. 조직이 원활하게 돌아갈 수 있도록 시스템을 혁신시켜야 함을 말한다. 그렇다. 기업이든 어떤 단체든 조직 간에 소통이 원활해야 한다.

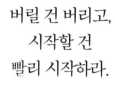

버릴 건 버리고,
시작할 건
빨리 시작하라.

_ 이건희 '어록'에서

결단은 신속히 하라

◆

어떤 일을 결정할 때 머뭇거리거나 지난 것에 대해 미련을 떨치지 못하는 사람들이 있다. 이런 사람들은 주변 사람들에게 답답함을 주고, 스스로 신뢰성을 떨어뜨려 고립되기 십상이다.

무엇을 할 때는 신속한 결단력이 있어야 한다. 이리 재고 저리 재다 보면 상대는 이미 저 앞에 가 있다. 그때서야 정신 차리고 뛰어봐야 이미 늦다.

훌륭한 리더의 덕목 중 하나는 바로 신속한 결단력에서 오는 강한 추진력이다. 이런 마인드가 없다면 어떤 일을 하더라도 남의 뒤만 졸졸 따라다니다 말 것이다.

이건희는 말보다 실천력이 앞섰다. 그가 말하는 것을 보면 답답할 정도로 어눌하다. 그런데 그가 일을 추진하는 것을 보면 결단력과 추진력이 대단하다는 걸 알 수 있다. 이는 곧 일은 말로 되는 게 아니라 행동, 즉 실천으로 된다는 것을 말한다.

이건희가 임직원들에게 역점을 둔 것은 바로 신속한 결단력과 추진력이다. 임직원들은 그의 결단력과 추진력을 따라가느라 긴장감을 풀지 못할 정도였다. 이건희는 자신이 먼저 나아감으로 임직원들이 보고 따라오게 함으로써 하는 일마다 성공적인 결과를 이뤄낸 것이다.

성공하고 싶은가. 그렇다면 버릴 건 버리고 신속하게 결단하라.

무슨 일을 하든 사전에 치밀하게 준비하되, 신속하게 결단해야 한다. 시간이 경쟁인 시대에 머뭇머뭇하다간 남의 뒤만 따라가게 된다. 준비는 철저히, 결단은 신속히 하라.

> 세상엔
> 거저 되는 것도 없고
> 억지로 되는 것도 없다.
>
> _ 이건희 '어록'에서

그냥 되는 일도, 억지로 되는 일도 없다

◆

사람이든 자연이든 사물이든 하나하나 동떨어진 것 같아도 그것들 모두는 보이지 않는 하나의 끈으로 연결된 유기적인 관계에 놓여 있다. 그래서 끊임없는 상호작용을 통해 사람도, 자연도, 사물도, 우주도 새롭게 거듭나는 것이다.

일도 마찬가지다. 순리에 따라 자신에게 주어진 것을 열심히 하면 그 대가는 기쁨의 열매로 주렁주렁 열리게 된다. 거저 되기를 바라거나 순리를 거슬러 억지로 시도한다면 반드시 부작용이 나는 법이다. 그런데도 거저 되기를 바라고, 순리를 거슬러서라도 억지로 하는 사람들이 있다. 이런 사람들 때문에 가정도, 직장도, 사회도 혼란을 겪는 것이다.

이건희는 이에 대해 거저 되기를 바라지 말고, 억지로 하지도 말라고 말한다. 그는 경영자로서 거저 되는 것이나 억지로 되는 것은 없다는 걸 잘 알았다. 모든 일은 계획을 치밀하게 세우고, 그에 맞게 준비를 갖추고, 각자가 주어진 일에 열심을 다할 때 성과가 나타난다. 이를 너무도 잘 아는 그는 임직원들에게 최선을 다하라고 강조한다. 그리고 그에 맞는 처우를 해 줌으로써 그들이 이룬 성과에 대한 보답을 해 주었다.

세상을 쉽게 살려고 해서는 안 된다. 세상은 누구에게나 노력한 만큼의 대가만을 허락한다. 많이 얻고 싶다면 그만큼의 열정을 바쳐 일하라.

세상의 모든 일은 유기적인 관계로 이루어져 있다. 그래서 억지로 하거나 무리를 해서는 안 된다. 순리를 따르되 최선을 다해야 한다. 그런 뒤에야 좋은 성과를 이루게 된다.

> 항상 기뻐하라.
> 그래야 기뻐할 일들이
> 줄줄이 따라온다.
>
> _ 이건희 '어록'에서

항상 기뻐하는 삶

◆

"주 안에서 항상 기뻐하라. 내가 다시 말하노니 기뻐하라."

이는 신약성경 빌립보서 4장 4절에 나오는 말씀이다. 이 말에서 보듯 기뻐하는 삶은 자신을 기뻐하게 하고, 가족을 기뻐하게 하고, 직장 동료들을 기뻐하게 하고, 친구를 기뻐하게 하고, 이웃을 기뻐하게 한다. 반대로 자신을 화나게 하면 자신을 불편하게 하고, 가족을 불편하게 하고, 직장 동료들을 불편하게 하고, 친구를 불편하게 하고, 이웃을 불편하게 한다.

그렇다면 문제는 간단하다. 항상 기뻐하는 내가 되면 된다. 물론 억지로 기뻐할 수는 없다. 하지만 자신을 기쁘게 하는 일을 찾을 수는 있다. 항상 기분 좋은 생각을 하고, 항상 기분 좋은 말을 하고, 항상 남을 위해 도움을 주고, 항상 남을 배려해 보라. 기쁨이 가슴에서부터 샘물처럼 펑펑 솟아날 것이다.

이건희는 "항상 기뻐하라. 그래야 기뻐할 일들이 줄줄이 따라온다."고 말했다. 그가 이렇게 말할 수 있는 것은 앞의 성경 말씀을 읽고 마음에 깊이 새긴 것일 수도 있고, 살아오는 동안 체험에서 한 말일 수도 있다. 어쨌거나 중요한 것은 빌립보서 4장 4절 말씀처럼 항상 기쁨을 안고 살아야 한다는 것이다. 그러면 안 되는 일도 술술 잘 풀리게 되고, 가족도 주변 사람들도 자신과 더불어 행복할 수 있다.

항상 기뻐하라. 항상 기쁨을 나누어라. 그 기쁨이 당신을 축복되게 할 것이다.

항상 기뻐하며 살 수 있다면 그것이야말로 지상 최대의 행복일 것이다. 항상 기뻐하는 삶을 사는 것은 어려운 일이겠지만, 즐거운 마음으로 살도록 노력하면 보다 기뻐하며 살 수 있게 될 것이다.

사소한 에티켓을
소홀히 해서
중요한 상담을 망쳤다면
국제화된 기업이라고 할 수 없다.

_ 이건희 에세이 《생각 좀 하며 세상을 보자》에서

에티켓을 소중히 하기

이건희는 임직원들에게 '에티켓'을 지키라고 강조한다. 에티켓을 지키지 않아 관계가 깨진다면 그 일을 망침은 물론 글로벌 시대에 국제기업이 될 수 없다는 생각에서다.

그의 말은 직장인들이 매우 주목해야 할 필요가 있다. 사실 많은 직장인들이 일을 성사시키지 못하는 이유 중 하나는 상대에 대한 불손한 예의 때문이다. 사람은 누구나 예의가 바른 사람에겐 관심을 기울이지만, 예의가 없는 사람은 불쾌하게 생각한다. 그런 사람과는 상담이든 일이든 그 어떤 것도 함께하지 않으려고 한다.

"손님을 대접함에 넉넉하게 하지 않을 수 없다."

《명심보감》에 나오는 이 말은 다의적인 의미를 지니고 있다. 손님, 즉 상대를 대접한다는 것은 상대에 대한 자신의 마음을 보여 주는 행위이다. 그래서 상대를 대할 때에는 예의를 다해야 한다. 그러면 예의를 다하는 것에 대해 상대 또한 나에게 좋은 것으로 갚으려고 한다. 이를 상담하는 데 적용시킨다면 좋은 효과를 얻을 수 있다.

이건희의 말이나 《명심보감》의 말은 표현만 다를 뿐 상대에 대한 예절, 즉 에티켓을 갖추라는 것이다. 에티켓은 상대의 마음을 사로잡는 중요한 소통 수단이다.

사람들과의 관계를 원만하게 하기 위해서는 지켜야 할 것이 있다. 그중 상대방에 대한 '에티켓'은 매우 중요하다. 에티켓은 상대에 대한 존중의 표시이자 예의이다. 그래서 에티켓이 좋은 사람이 인간관계가 좋은 것이다.

바람직한 일터

◆

잘되는 기업과 잘 안 되는 기업 사이엔 뚜렷한 차이가 있다. 먼저 잘되는 기업은 무엇이 다른가. 첫째, 직원들 간에 소통이 잘된다. 소통이 잘된다는 것은 화합이 잘된다는 것이다. 직원들 간에 화합이 잘되면 직장이 활기차고 일의 능률이 오른다. 둘째, 도전 정신과 창의력이 좋다. 그래서 새로운 기획을 하거나 그 기획을 추진하는 데 있어 막힘이 없다. 셋째, 상하 간에 융화가 잘 된다. 상사와 부하직원이 수평적인 관계에서 서로를 대한다. 수평적인 관계는 상호존중을 중요시한다. 부하직원은 자신이 존중받는다고 생각해 상사를 존경한다. 이런 유기적인 이유로 기업이 잘 돌아간다.

그렇다면 안 되는 기업은 무엇이 문제인가. 첫째, 상하 간이 수직관계에 놓여 있다. 수직관계는 철저한 명령체계다. 이런 관계에서는 상사와 부하직원 간에 진정한 소통이 불가하다. 둘째, 직원들 간에 소통이 잘 안 된다. 마치 동맥경화증에 걸린 것처럼 답답하다. 셋째, 도전 정신이 희박하고, 편하고 쉬운 일만 하려고 한다. 이런 상황에서는 아무리 투자를 해도 좋은 결과를 낼 수 없다.

이에 대해 이건희는 바람직한 일터가 되기 위해서는 도전과 창조 정신이 가득한 일터로 만들어야 한다고 말한다. 이런 일터는 누구나 근무하고 싶어 하는 일터일 것이다. 꿈이 살아 흐르기 때문이다.

바람직한 일터는 만드는 것이다. 이것은 누구 한 사람의 힘만으로 되는 것이 아니다. 상하 간에 위계질서를 지키고, 예의를 갖추고, 도와주고 격려하며 함께 마음을 모으고 노력해야 한다. 그랬을 때 가족 같은 따뜻한 일터가 될 수 있다.

자만하지 마라

◆

세계 복싱 역대 최연소인 20세의 나이에 헤비급 챔피언에 오른 마이크 타이슨. 그는 자신보다 키가 10~20cm 크고, 몸무게는 수십 kg이 더 나가는 거구들과의 시합에서 연속적으로 KO승을 거두었다. 그것도 대부분 1, 2회전에서 말이다. 그래서 붙여진 그의 별명은 핵주먹이다. 거기다 헤비급 선수 못지 않는 빠르기로 상대를 제압하는 걸 보면 놀라울 정도다. 그 당시 그를 이길 선수가 없었다. 그러자 그의 삶은 흐트러졌다. 안하무인으로 사람들을 함부로 대해 원성을 샀으며 성폭행과 폭력을 휘둘러 교도소를 들락거렸다.

교도소에서 나온 그는 무명의 도전자에게 어이없이 KO패를 당하며 무너져 내렸다. 이를 물고 재기를 꿈꾸며 챔피언 자리를 노렸지만 예전과는 달리 그의 기량은 퇴락하였다. 챔피언 홀리필드에게 도전장을 내밀었지만 헛손질만 해대며 그로기 상태에 빠지게 되자 홀리필드의 귀를 깨물어 뜯는 추태를 부려 망신을 사며 반칙패를 당했다. 그 후 그는 마음을 잡지 못하고 방황하며 삶을 낭비하는 일에 빠져 지냈다. 그렇게 마이크 타이슨의 시대는 막을 내리고 말았다.

이건희는 자만하지 말라고 충고한다. 자만은 패배를 부르기 때문이다. 잘 안 되는 사람이나 기업이 망하는 것은 대개 자만 때문이다. 자만을 경계하라.

자만은 사람들을 불쾌하게 한다. 버릇이 없고 제멋대로이기 때문이다. 그래서 자만에 빠지게 되면 손가락질을 받게 되고, 끝내는 인생의 패배자가 된다. 자만하지 마라. 자만은 삶을 무너뜨리는 부실 건축물과 같다.

완벽한 제품

◆

'완벽함'이라는 말은 100퍼센트를 뜻한다. 0.001의 빈틈도 허용치 않는 상태를 말한다. 그래서 완벽함을 가진 사람도 물건도 찾아보기 힘들다. 아무리 완벽할 것 같은 사람도 허점이 있기 마련이다. 세계사는 그것을 잘 보여준다. 영웅 중에 영웅인 나폴레옹도 워털루 전투에서 영국의 용장 웰링턴 장군에게 패배했다. 그로써 그의 화려했던 시절도 끝을 맺었다.

제품 또한 지극히 사소한 것이라 해도 허점이 있기 마련이다. 그럼에도 이건희는 한 방향으로 완벽한 제품만을 생산하라고 말한다. 그 또한 '완벽함'이 얼마나 힘든 것인지 잘 안다. 그럼에도 불구하고 완벽한 제품만을 생산하라고 요구한다. 어찌 보면 이건희야말로 무모한 사람이 아닐 수 없다. 그런데 꼭 그런 사람이 일을 해낸다. 확신이 있기 때문이다. 이러한 확신은 완벽한 제품은 아니더라도 완벽에 가까운 제품을 만들어낸다.

현재 삼성은 세계에서 1등 제품을 20개나 보유하고 있다. 어떻게 그처럼 될 수 있었을까. 그것은 바로 이건희가 입버릇처럼 말한 '완벽함'의 추구에 있다. 완벽함을 이룬다는 것에는 고행이 따르지만, 그 결과는 한없이 달콤한 초콜릿과 같다.

인간에게 있어 완벽함이란 없다. 하지만 완벽에 가까이 이를 수는 있다. 물론 이 또한 쉽지 않다. 그래도 노력해야 한다. 그것이 완벽함으로 가는 최선의 길이기 때문이다.

경영자가 되기 위해서는
경영이론을 배우는 것도 중요하지만
인간의 이해의 폭을
넓히는 것도 중요하다.

_ 이건희 '어록'에서

경영자가 배워야 할 것

최고의 경영자로 손꼽히는 앤드루 카네기. 그는 어떻게 해서 한 세기가 지나서도 존경받는 경영자가 될 수 있었을까.

그는 스코틀랜드의 가난한 이민자였다. 그는 어린 시절 방직 공장에서 실 감는 일을 했다. 그리고 전신배달원이 되고, 전신 기사가 되었다. 그 후 제강법을 배워 철강회사를 세웠다.

그가 성공할 수 있었던 가장 큰 비결은 무엇이었을까. 그것은 경영이론이 아니다. 그는 사람을 잘 다루었다. 그는 사람과의 관계 맺음에 있어 언제나 겸손하고 친절하게 대했다. 직원들을 자신이 부리는 사람이 아니라 자신을 돕는 고마운 존재로 생각 했다. 직원들을 자신과 수평적 관계로 생각했던 것이다.

이러한 카네기의 진정성은 직원들을 매료시켰고, 직원들은 고용인이 아니라 주인의식을 갖고 열심히 일했다. 그 결과 최고의 철강회사가 되었고, 카네기는 성공을 이끄는 최고의 경영자가 되었다.

이건희는 경영자가 되기 위해서는 인간의 이해의 폭을 넓히라고 말한다. 이는 인간관계를 중요시하라는 것이다. 기업이 잘 되고 안 되는 것은 사람 손에 달렸다. 사람을 잘 다루는 사람이 결국 경쟁에서 이기는 법이다.

최고의 경영자가 되기 위해서는 무엇보다 사람을 잘 다뤄야 한다. 왜 그럴까. 모든 것은 사람이 중심에 있기 때문이다. 그런 까닭에 이해력과 배려하는 마음, 칭찬의 기술 등을 높여 인간관계를 매끄럽게 해야 한다.

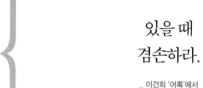

있을 때
겸손하라.

_ 이건희 '어록'에서

아름다운 미덕, 겸손

◆

"뛰어나게 선량한 사람은 실제로 착한 행동을 하지만 그것을 나타내지 않으려 한다. 그러나 선량한 정도가 옅은 사람은 그것을 남에게 나타내려고 애를 쓴다."

노자가 한 이 말의 핵심은 겸손하라는 것이다.

"빈 수레가 요란하다."

이 말의 속뜻 역시 겸손하라는 말이다.

"단지에 들어간 한 개의 동전은 시끄럽게 소리를 내지만 동전이 가득한 단지는 조용하다."

《탈무드》에 나오는 이 말 또한 속이 꽉 찬 사람, 즉 겸손한 사람이 되라는 것을 의미한다.

이건희는 이렇게 말했다.

"있을 때 겸손하라."

사실 있을 때 겸손한 것은 도를 닦는 것보다 어렵다. 왜일까. 노자가 말했듯 자신을 만천하에 드러내고 싶은 마음이 가득하기 때문이다. 그것을 참으려니 얼마나 힘들겠는가. 그래서 잘난 사람이 겸손할 때 더욱 존경을 받는 것이다.

겸손한 사람에게는 적이 없다. 겸손한 사람은 어질고 온유하기 때문이다. 인정받고 싶다면 겸손하라. 겸손은 아름다운 미덕이다.

사람의 소중함을
일깨우다

이건희가 고등학교 시절 아버지 이병철 회장이 간부급 직원을 내보낸 적이 있는데, 이건희는 아버지에게 그 간부를 다시 불러들이라고 건의했다. 이를 안 친구 홍사덕이 이건희에게 네가 뭘 안다고 그러느냐고 말했다. 그랬더니 놀랍게도 이건희는 사람을 공부한다고 했다. 그 말을 듣고 홍사덕은 그의 진면목을 알 수 있었다.

이건희는 아버지에게 수차례에 걸쳐 건의했고, 아버지 이병철 회장은 그의 말대로 직원을 다시 불러들였는데 그 직원이 훗날 삼성의 큰 재목이 되었다고 한다.

어린 시절 일본에서 홀로 유학을 하는 내내 외롭게 보낸 그가 사람에 대해 관심을 갖는다는 건 의외이다. 외로움에 길들여진 사람은 다른 사람들과의 접촉을 기피하려는 심리가 있는데 이건희는 다른 모습을 보였던 것이다. 이뿐만이 아니다. 이건희는 당시 부잣집 아들답게 반 친구들보다 더 좋은 교복을 입었지만, 일부러 염색한 물감을 빼서 입었다고 한다. 형편이 어려운 친구들과 보조를 맞추기 위해서였다고 한다. 이러한 일례를 보면 이건희는 분명 사람에 대한 이해심이 뛰어나고 인간관계 맺음에 대한 생각이 깊었던 것 같다.

이건희 회장은 인재를 매우 중요하게 생각한다. 한 명의 뛰어난 인재가 회사를 살린다는 걸 잘 알기 때문이다. 그래서 그는 뛰어난 인재는 돈을 아끼지 말고 들이라고 말한다. 특히 이건희 회장이 좋아하는 인재는 '마니아 형' 인재다. 이들은 자신이 좋아하는 분야에서 우수한 실력을 가진 인재이기 때문이다. 뛰어난 발명가나 과학자들은 대부분 마니아 형 인재라는 걸 알 수 있다. 이건희 회장은 이 점을 잘 알았던 것이다.

'인사는 만사다.'라는 말이 있다. 사람이 곧 모든 일이라는 뜻으로 그만큼 사람이 중요하다는 얘기다.

오늘날 삼성전자가 세계 5위의 브랜드 가치를 지닌 글로벌 기업이 될 수 있었던 힘은 바로 인재에 있음은 두말할 나위가 없다.

이건희 회장의 "나는 사람 공부를 열심히 한다."는 말이 예사롭지 않는 것은 지금의 결과를 이룬 것만 봐도 잘 알 수 있다.

사람은 가장 소중한 존재이다. 그래서 인간관계를 잘 맺는 사람이 성공할 확률이 높다. 국내외적으로 볼 때 성공한 이들 중

엔 소통 능력이 뛰어난 사람들이 많다. 그런 만큼 사람 공부는
매우 중요한 것이다.

CHAPTER 5

**머뭇거리지
말고
앞만 보고 가라**

멍하니
시간을 보내는 것은
제발 하지 마라.

_ 이건희 '어록'에서

시간을 헛되이 하는 것을 경계하라

◆

"하루를 공부하지 않으면 그것을 되찾는 데 이틀이 걸린다. 이틀을 공부하지 않으면 그것을 되찾는 데 나흘이 걸린다. 일년을 공부하지 않으면 그것을 되찾는 데는 이 년이 걸린다."

"만나는 사람 누구에게서나 무엇인가를 배울 수 있는 사람이 가장 현명한 사람이다."

"날마다 오늘이 마지막 날이라고 생각하라. 날마다 오늘이 첫날이라고 생각하라."

이는 모두《탈무드》에 나오는 말이다. 이 말들이 의미하는 것은 시간을 헛되이 쓰지 말라는 것이다. 시간을 함부로 낭비하지 말고 공부를 하든 무엇을 배우든 시간을 알차게 쓰라는 말이다.

이건희 역시 시간을 헛되이 하는 것을 경계하라고 강조한다. 멍하니 아무것도 안 하는 것은 자기에게도, 사회에도 쓸데없는 짓을 하는 것과 같기 때문이다.

고대 그리스 시인 호라티우스는 "그날그날을 최후의 날이라고 생각하라."고 했다.

그렇다. 오늘이 지나면 더 이상 어제의 오늘은 없다.

인생을 성공적으로 사는 사람들은 시간을 잘 쓴다는 공통점이 있다. 시간을 소중히 하라. 시간을 잘 쓰면 시간은 반드시 대가를 지불한다는 것을 명심하라.

> 경영은
> 하나의
> 종합예술이다.
>
> _ 이건희 '어록'에서

경영의 정의

미국 GM(제너럴모터스)의 최고경영자를 지낸 앨프리드 P. 슬론 주니어. 그는 어떻게 해서 GM를 최고의 기업으로 키웠을까. 바로 일을 추진하는 데 있어 합리적이고 정확한 분석력과 전체를 아우르는 통찰력에 있었다. 이를 좀 더 부연 설명하자면 사업을 기획할 때 여러 각도에서 의견을 수집하고, 그것을 어떻게 하면 보다 합리적으로 진행시킬 수 있을지를 종합적으로 살피고, 앞으로 일어나게 될 일들을 미리 꿰뚫어 보는 눈을 가져야 함을 말한다.

앨프리드 P. 슬론 주니어는 이런 면에서 탁월했다. 그는 자신의 경영원칙을 지키기 위해 회의를 할 때 다양한 의견을 이끌어

냈고, 그 의견들을 합리적으로 분석하고 추진했다. 그 결과 하는 일마다 성과를 내었던 것이다.

이건희는 "경영은 하나의 종합예술이다."라고 은유적으로 표현했다. 이는 무엇을 말하는가. 경영은 예술가가 그러하듯 상상하고 창조하는 것이라는 말이다. 그러니까 실제와 상상력의 조합을 잘 이루어야 한다는 말이다. 그렇게 될 때 남들과 다른 창의적인 제품을 생산해낼 수 있다는 것이다.

자신이 하는 일을 성공적으로 해내고 싶다면 예술처럼 상상하고 창조하라. 그랬을 때 원하는 것을 창의적이고 성공적으로 해내는 데 도움이 되기 때문이다.

나는 TV를 세 번 이상 재미있게 보고도
TV 수상기의 내부에 관심이 없는
사람이라면 훌륭한 경영자라
할 수 없다고 생각한다.

_ 이건희 '어록'에서

사물에 대해 관심 갖기

성공한 사람들에겐 공통점이 있다. 끈기가 강하다든지, 책을 많이 읽는다든지, 인간관계가 좋다든지 하는 여러 요소가 있다. 이들은 특히 호기심이 유독 강하다. 호기심은 과학자나 발명가들만의 전유물이 아니다. 호기심은 경영자들에게도 많은 편이다.

크라이슬러사의 창업자이자 최고경영자였던 크라이슬러는 호기심에 대해서는 둘째가라면 서러울 만큼 강했다. 그는 직장생활을 하는 도중 대출을 받아 새 자동차를 구입했는데 타기 위해서가 아니라 연구용으로 쓰기 위해서였다. 그는 퇴근을 하면 바로 집에 있는 창고로 가 밤새도록 차를 분해하고 조립하면서 자동차의 원리를 독학으로 익혔다. 그렇게 반복한 끝에 자신만의 자동차를 만들어내고 자동차 회사를 세웠다. 그는 탄탄대로의 길을 걸으며 크라이슬러사를 GM, 포드와 더불어 미국의 3대 자동차 회사로 키워냈다.

피뢰침을 발명한 벤저민 프랭클린, 스티브 잡스, 빌 게이츠, 세계적인 패션 디자이너 코코 샤넬 역시 호기심이 많은 사람들이었다.

이건희는 훌륭한 경영자가 되기 위해서는 사물이나 제품에 대해 관심을 가지라고 말한다. 관심이란 곧 호기심을 말하는데 이건희는 제품을 분해하고 조립하는 능력이 뛰어났다고 한다. 그는 이런 이유로 "TV를 세 번 이상 재밌게 보면 그 내부에 대해 관심을 가지라."고 말한다. 그의 경영자적인 마인드를 잘 알게 하는 말이다.

자신이 하는 일을 잘하기 위해서는 사물에 대해 관심 갖는 일을 습관화해야 한다. 그래야 호기심을 갖고 상상력을 발휘하는 데 도움이 되기 때문이다. 관심은 곧 호기심이다.

> 구조적인 문제는
> 그 근본부터 해결해야 하고
> 그 근본은 사람의 마음속에 있다.
>
> _ 신경영을 선언한 후 '간담회'에서

구조적인 문제

◆

큰 기업이든 작은 구멍가게든 구조적인 문제가 있다면 잘 돌아가지 않는다. 근본적으로 잘못됐기 때문이다. 이는 마치 뿌리가 약한 나무와 같다. 나무를 튼튼하게 하기 위해서는 영양분을 공급해 주고, 흙을 채워 주고, 주변을 탄탄하게 만들어 주어야 한다. 약해진 뿌리를 그대로 둔다면 작은 바람에도 쉽게 쓰러지고 만다.

기업에 문제가 있다면 과감하게 문제를 제거해야 한다. 제거하는 데 많은 힘이 든다고 해도 반드시 제거해야 한다. 새 술은 새 부대에 담아야 하는 것처럼 새로운 마음으로 계획을 세우고 매진해야 한다. 그렇지 않는다면 그 기업은 망할 수밖에 없다.

이건희는 구조적인 문제는 그 근본부터 해결해야 한다고 말한다. 그리고 그 근본은 사람의 마음속에 있다고 말한다. 그렇다. 모든 근본은 사람의 마음에 있기 때문에 마음이 잘못되면 모든 것이 잘못된다.

"사람의 마음과 몸이 활달하고 명랑하면 그 사람의 마음이 바르지 아니함이 없고, 몸이 깨끗하지 아니함이 없다."

이는 《대학》에 나오는 말인데 이건희가 한 말을 보다 구체적으로 표현한 것이라 하겠다. 마음과 몸을 바르게 한다는 것, 그것은 자신의 모든 것을 바르게 세우는 일이다. 그래서 이런 사람에게 삶의 문제는 좀처럼 일어나지 않는다.

기업에 구조적인 문제가 있다면 반드시 바로잡아야 탈이 없이 잘 운영된다. 사람 또한 삶의 문제가 없어야 자신이 하는 일을 잘하게 되고, 그로 인해 행복할 수 있다. 그렇다. 문제가 있다면 반드시 바르게 고쳐야 한다.

연구 개발을
제대로 하지 않는 것은
농부가 배고프다고
뿌릴 종자를 먹는 행위와 같다.

_ 이건희 '어록'에서

연구 개발의 중요성

1984년 에너지 드링크 회사 레드불을 창업하여 세계적인 기업으로 성공시킨 디트리히 마테쉬츠. 그는 치약 회사인 블렌닥스의 아시아 담당자였는데 태국에서 우연히 맛본 드링크를 통해 자신만의 에너지 드링크를 만들 아이디어를 얻게 된다. 당시 세계 유수의 음료기업인 코카콜라, 펩시콜라 외에도 많은 기업들이 에너지 드링크를 생산하고 있었음에도 그 시장으로 뛰어들어 성공을 일궈낸 것이다.

디트리히 마테쉬츠가 성공할 수 있었던 성공요인은 다음과 같다.

첫째, 자기만의 아이디어가 뚜렷했다.

둘째, 철저하게 조사하여 문제점을 최소화하였다.

셋째, 성공에 대한 확신이 분명했다.

넷째, 연구하고 개발하는 데 전력투구했다.

디트리히 마테쉬츠는 이 네 가지를 원칙으로 삼아 노력한 끝에 성공했다.

이건희는 디트리히 마테쉬츠의 성공요인 중 연구 개발에 집중할 것을 강조하였다. 기업의 성공여부는 연구 개발에 있다고 본 것이다.

그렇다. 연구 개발은 기업의 생명과 같다. 연구 개발을 하지 않는 기업은 경쟁에서 살아남을 수가 없다. 개인의 삶 또한 연구하고 노력하지 않으면 경쟁에서 밀려 퇴보하게 된다.

잘되는 기업은 연구 개발에 사활을 건다. 연구 개발에 기업의 미래가 달려 있기 때문이다. 사람 또한 마찬가지다. 잘되는 사람은 자신을 계발하는 일에 몰두한다. 그래야 자신이 원하는 인생을 살 수 있기 때문이다.

좋은 만남

◆

독일의 화가 뒤러가 그린 〈기도하는 손〉에는 가슴을 절절하게 하는 아름다운 사연이 있다. 너무도 가난하여 그림 공부를 할 수 없었던 뒤러는 친구와 약속을 했다. 한 사람이 공부하는 동안 다른 한 사람은 일을 해서 돕고, 공부를 마치면 그 사람이 다른 친구를 돕자고. 뒤러가 먼저 친구의 도움으로 그림 공부를 하였다. 뒤러는 열심히 그림 공부를 했다. 그리고 마침내 화가가 되었다.

뒤러는 이제 친구의 그림 공부를 돕기 위해 친구를 찾아갔다. 그때 마침 친구는 기도를 하고 있었다. 그의 기도가 너무도 간절하여 뒤러는 문 앞에서 기도가 끝나기를 기다렸다.

"하나님, 저는 심한 노동으로 손이 무뎌져 그림을 그릴 수가 없습니다. 하나님, 소원이 있습니다. 제 친구 뒤러가 위대한 화가가 되게 해 주십시오."

친구의 기도를 가만히 들어보니 바로 자신을 위한 기도였다. 뒤러는 이에 큰 감동을 받고 눈물을 흘리며 친구의 기도하는 손을 그리기 시작했다. 이 그림이 위대한 명작 〈기도하는 손〉이다.

이건희는 좋은 만남이 좋은 운을 만든다고 말한다. 백번 옳은 말이다. 좋은 만남엔 기쁨의 에너지, 행복의 에너지가 넘쳐난다. 이처럼 좋은 에너지는 기분 좋은 기운을 발산하고, 그것은 행운으로 작용한다. 뒤러는 좋은 친구를 둔 덕에 훌륭한 화가가 될 수 있었다.

잘된 사람의 곁에는 하나같이 좋은 사람이 있었다. 성웅 이순신 장군에게는 서애 류성룡이 있었고, 노벨의학상 수상자인 알렉산더 플레밍에게는 윈스턴 처칠이 있었다. 좋은 만남은 좋은 기운을 준다. 좋은 사람을 곁에 두어라.

머뭇거릴
시간이 없다.
앞만 보고 가자.

_ 2010년 '경영 복귀 선언'에서

머뭇거리지 말고 앞만 보고 가라

◆

이건희는 2010년 경영에 복귀했다. 그는 자신이 경영에 복귀하는 것에 대해 이렇게 말했다.

"머뭇거릴 시간이 없다. 앞만 보고 가자."

이건희가 이렇게 말한 데는 이유가 있다. 2009년 9월 10일 경기도 용인시에 있는 한 아파트에서 지펠 냉장고가 폭발하는 사건이 일어났다. 이 같은 일이 영국, 남아프리카공화국 등 외국에서도 일어났다. 삼성으로서는 치명적인 사건이었다. 세계 1등을 목표로 하는데 제품이 폭발했다는 것은 기본에 어긋나는 것이었기 때문이다. 이 사건은 연일 뉴스에 보도되었고, 이건희는 이에 분노하였다. 자신이 퇴임을 한 지 1년 6개월 만에 일어난 일이다 보니 만감이 교차했다. 이건희는 이 일을 계기로 많은 생각을 한다. 이대로 두었다간 삼성이 무너질지도 모른다는 불안감이 들었던 것이다.

그런데 마침 2018년 평창 동계올림픽개최지 선정 문제로 IOC 위원인 그의 도움이 절실히 필요했다. 각계각층에서 그의 사면을 요청했고, 이것이 받아들여져 사면되었다. 그리고 이는 그가 다시 경영에 복귀하는 계기가 되었다.

이건희는 새로운 각오로 임해야 한다고 연일 주장하였다. 그의 경영복귀로 삼성은 다시 탄탄한 소나무처럼 우뚝 섰다.

무엇을 할 때 머뭇거리면 기회를 놓치는 경우가 많다. 그래서 무엇을 할 땐 신속하게 결단하고 앞을 향해 매진해야 한다. 그래야 남에게 뒤처지지 않고 앞서 나갈 수 있다.

머리를 쓰고
발상을
하라.

_ 이건희 '어록'에서

지금보다 더 나아지는 법

◈

지금보다 나은 삶을 살아가기 위해서는 좀 더 새롭게 자신을 변화시켜야 한다. 지금보다 더 많은 책을 읽고, 더 많은 정보를 수집하고, 더 많은 생각을 하고, 더 많은 공부를 해야 한다. 모든 변화는 그냥 이루어지지 않는다. 변화하기 위해서 노력할 때만 변화할 수 있다.

미국의 저술가 카렌 카이저 클라크는 이렇게 말했다.

"인생은 변화하고 성장은 선택사항이다. 현명하게 선택해야 한다."

클라크의 말처럼 인간은 변화를 통해서만 거듭날 수 있다. 변화 없이는 자신을 결코 혁신시킬 수 없다.

이건희는 언제나 변화와 혁신을 강조했다. 머리를 쓰고 발상을 하라는 그의 말은 바로 변화를 통해 새롭게 거듭나라는 것이다.

그런데 변화하기 위해 노력하다 보면 자신의 힘에 부치는 일도 마주칠 수밖에 없다. 그러나 그런 일도 실행해야 한다. 이에 대해 영원한 명작 《돈키호테》를 쓴 세르반테스는 다음과 같이 말했다.

"불가능한 것을 성취하려면 불가능한 것도 실행해야 한다."

그렇다. 변화하기 위해서는 불가능한 일에도 도전해야 한다. 세르반테스는 시련과 고통 속에서도 새로운 발상으로 위대한 작가가 되었다.

지금보다 나아지고 싶다면 머리를 쓰고 발상을 하라.

지금보다 나은 삶을 살고 싶다면 머리를 쓰고 새로운 발상을 해야 한다. 발상이 새로워야 자신의 삶을 새롭게 혁신시킬 수 있기 때문이다. 그렇다. 새로운 내가 되고 싶다면 늘 머리를 쓰고 발상하라.

모두에게
불감증이
만연해 있다.

_ 이건희 '어록'에서

불감증의 위험성

◆

이건희는 임직원들에게 삼성과 개개인이 잘되기 위해서는 각자 자신의 분야에서 최선을 다하라고 말한다. 그러나 아무리 강조해도 그의 눈에는 언제나 허점이 보였다. 이건희는 그럴 때마다 피가 거꾸로 솟았다. 왜 제대로 실천하지 못하는지 한없이 답답했다.

이건희는 그 이유를 '불감증'에 걸렸기 때문이라고 진단한다. 불감증이란 글자 그대로 느끼지 못하는 것이다. 즉 잘못되었다는 것을 느끼지 못하기 때문에 일어나는 것이라는 말이다.

이 말은 매우 설득력이 있다. 우리 사회에서 일어나는 사건 사고는 대개 불감증이 그 원인이다. 건축 중인 다리가 무너지고,

건물이 무너지는 사건 사고가 꼬리에 꼬리를 물어도 지나고 나면 또 망각해버린다. 어디 그뿐인가. 뇌물을 받고 청탁을 하는 일도 비일비재하다. 이는 무엇을 의미하는가. 그만큼 불감증이 깊다는 것이다.

불감증을 고치기 위해서는 정신을 똑바로 차려야 한다. 그렇지 않으면 자신도 불행해지고, 가족도 불행해지고, 직장도 불행해지고, 사회도 불행해진다.

"우리 사회는 모두에게 불감증이 만연해 있다."

불감증에 물들지 않는 삶, 그 삶이야말로 바르게 사는 길이다.

잘못을 잘못이라 느끼지 못하는 것처럼 위험한 것은 없다. 그것은 곧 파멸을 뜻하기 때문이다. 인생의 독毒인 '삶의 불감증'을 경계하라.

마음에
풍요를
심어라.

_ 이건희 '어록'에서

마음이 풍요로운 사람

◆

"사람은 가난해도 가난한 대로 만족을 찾을 수 있다. 그러나 많은 사람들은 자기가 느낄 수 있는 행복보다는 남이 부러워하고 칭찬해 주는 그런 행복을 바라고 있다. 남이 칭찬하고 부러워한다 해서 내가 행복할 것은 하나도 없다. 행복이란 내 자신이 마음의 평화를 얻는 데서 온다."

로렌스 굴드가 한 이 말의 핵심은 '마음의 풍요'다. 마음이 풍요로운 사람은 사랑이 많고, 배려심이 많고, 거짓이 없고, 시기하지 않고, 너그럽다. 그래서 마음이 풍요로운 사람은 자신을 사랑하듯 남을 사랑하고, 자신을 돕듯 남을 돕는 것을 즐겨한다.

또한 마음이 풍요로운 사람은 남의 이목에 따라 행동하지 않으며, 자신을 행복하게 하는 일에 익숙하다.

그러나 마음이 풍요롭지 않은 사람은 자기중심적이고 배타적이다. 분열을 일삼고 자신의 이익을 위해 이기적인 행동도 서슴지 않는다. 그런데도 반성이 없다. 이런 사람은 아무리 물질이 많고 높은 지위에 있다 해도 가난한 사람일 뿐이다.

이건희는 마음에 풍요를 심으라고 말한다. 그의 말은 로렌스 굴드가 한 말과 맥을 같이한다. 마음이 풍요로운 사람은 가난해도 부자다. 이런 까닭에 마음이 풍요로운 사람은 누구에게나 인정받고, 어느 곳에 있더라도 흔들림이 없다.

마음이 넉넉한 사람은 어딜 가든 환영받는다. 마음이 풍요로워 사람들과 적을 지지 않고 좋은 이미지를 심어 주기 때문이다. 그런 까닭에 마음이 풍요로운 사람은 가난해도 부자이다. 마음을 풍요롭게 하라.

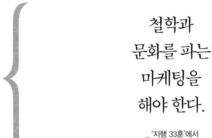

철학과
문화를 파는
마케팅을
해야 한다.

_ '지행 33훈'에서

마케팅의 원칙

◆

　미국의 항공사인 사우스웨스트의 창업자이자 최고경영자인 허브 켈러허. 그는 어떻게 해서 사우스웨스트 항공을 키우고 존경받는 인물이 될 수 있었을까. 그것은 바로 사우스웨스트의 철학과　프로정신을 동반한 기업문화에 있다.

　제복을 입고, 스마트한 이미지로 안전수칙을 알릴 땐 경직이 될 만큼 빈틈이 없는 대부분의 항공사 직원들과는 달리 사우스웨스트의 직원들은 자유로운 복장을 하고 유머를 즐기며, 고객들에게 안전수칙을 알릴 때도 스탠드 업 코미디를 활용한다. 그렇다면 이것이 어떻게 해서 이 회사의 철학이 되고 문화가 될 수 있었을까. 바로 타 항공사와는 다른 사우스웨스트만의 특징

이기 때문이다. 그리고 무엇보다도 고객들의 반응이 뜨겁다는 데 있다. 사람들은 대개 유머가 있는 사람에게 친근감을 느낀다. 그래서 그런 사람을 믿고 의지하는 마음이 강하다. 이런 이유로 사우스웨스트는 좋은 평가를 받으며 성장할 수 있었던 것이다.

이건희는 평소 임직원들에게 철학과 문화를 파는 마케팅을 하라고 말했다. 그는 삼성을 돈만 버는 기업이 아니라 철학을 팔고 문화를 파는 기업으로 만들고 싶었던 것이다. 기업도 철학과 문화가 있어야 더욱 발전할 수 있다. 그것이 기업의 가치를 한껏 높여 주기 때문이다.

철학이 있는 기업, 문화가 있는 기업은 상상하는 것만으로도 믿음이 간다. 왜 그럴까. 기업정신이 좋을 것 같은 생각이 들기 때문이다. 그렇다. 기업을 하든 무엇을 하든 철학이 있어야 한다. 자기만의 철학을 가져라.

인재를
키우는 것만으로는 안 된다.
사과나무를 심어야 한다.

_ 2003년 '사장단 간담회'에서

인재를 소중히 하기

◆

첨단정보 분야의 혁신적인 기업인 휴렛팩커드를 세운 데이비드 패커드. 그는 단돈 535달러로 차고지를 사무실 삼아 창업을 했다. 그랬던 그가 성공할 수 있었던 가장 큰 요인은 바로 인재 양성에 있다.

"우리는 사원들에게 재능과 능력을 활용할 기회를 주면 더 많은 일을 해내리라는 걸 알게 되었습니다."

데이비드 패커드의 말에서 보듯 그는 인재를 양성하기 위해 교육하고, 더 좋은 환경을 만들어 주었으며, 그들이 책임을 갖고 일할 수 있도록 배려하였다.

사람은 무한한 능력을 가진 창조적인 동물이다. 하지만 아무리 뛰어난 창의성이 있어도 계발을 하지 않으면 그냥 묻히고 만다. 그래서 개개인의 능력에 맞게 동기를 부여하고 교육을 시켜, 그에게 맞는 일을 주고 밀어주고 격려하며 그가 지닌 능력의 이상을 발휘하게 이끌어야 한다. 데이비드 패커드는 이런 인간의 잠재적 능력을 잘 활용한 인재 경영의 귀재다.

이건희 또한 인재 양성을 중요하게 생각했다. 1등 인재가 1등 제품을 만들고, 1등 기업으로 이끈다는 생각에서다. 그래서 그는 인재를 키우는 것으로만 만족하지 말고, 그들이 하나의 커다란 사과나무, 즉 제몫을 다하는 인재가 되게 해야 한다고 주장했다.

사람이 중요하다. 인재를 소중히 여기는 기업이 성공한다.

인재를 소중히 하는 기업은 잘될 수밖에 없다. 인재는 기업의 핵심이기 때문이다. 마찬가지로 자신이 잘되고 싶다면 사람들을 소중히 하라. 그 사람들은 인생의 소중한 자산이기 때문이다.

돈은
거짓말을
하지 않는다.

_ 이건희 '어록'에서

돈은 정직하다

◈

이건희는 돈은 정직하다고 말한다. 이는 무엇을 말하는가. 열심히 하면 열심히 한 만큼, 열심히 하지 않으면 딱 그만큼만 돈이 들어온다는 말이다. 그렇다. 돈은 언제나 정직하다. 사람이 하는 대로 그 사람을 따라가는 게 돈이다.

하지만 사람은 돈 앞에 서면 갈등을 한다. 그래서 어떤 이들은 편법을 쓰기도 하고, 거짓말을 하기도 한다.

"정의를 거스르는 돈벌이는 병을 얻는 것과 같다."

"돈은 사람에게 참다운 명예를 가져다주지 않는다. 아무리 돈을 벌어도 그것만 가지고는 참다운 명예를 살 수 없다."

"돈은 목적이 아니라 도구이다."

《탈무드》에 나오는 말이다. 돈을 바르게 벌고 가치 있게 써야 한다는 것이다. 돈은 잘 쓰면 '덕'이 되지만 잘못 쓰면 패가망신한다.

사람은 거짓말을 해도 돈은 거짓말을 하지 않는다. 돈은 있는 그대로 제 몫을 한다. 돈을 벌고 싶다면 열심히 노력하라. 사람이 하는 대로 따라가는 것이 돈이다.

> 한 발만 앞서라.
> 모든 승부는
> 한 발자국 차이다.
>
> _ 이건희 '어록'에서

한 발만 앞서서 가라

◆

세계에서 농구를 가장 잘하는 사나이 마이클 조던. 농구 황제, 농구계의 신사 등 그에 대한 수식어는 실로 그를 더 위대한 선수로 높여 준다. 그의 현란한 드리블은 예술적 경지에 이르렀고, NBA 선수들에 비해서는 비교적 작은 키(198cm)에서 돌고래처럼 솟구쳐 오르며 내리꽂는 덩크 슛은 보는 이들에게 깊은 탄성을 자아내게 한다.

그는 최고의 선수가 되기 위해 천부적으로 뛰어난 재능과 더불어 피나는 노력을 다했다. 그의 장기 중 점프력은 타의 추종을 불허한다. 그가 덩크 슛의 귀재가 된 것은 작은 키에서 오는 핸디캡을 극복하기 위한, 피나는 점프 연습의 결과라는 것을 알아야 한다.

마이클 조던은 자신의 성공비결을 다음과 같이 말했다.

"한 걸음 한 걸음 단계를 밟아 나아가라. 그것이 무언가를 성취하는 내가 아는 유일한 방법이다."

마이클 조던의 성공은 한 발자국씩 앞서 나간 끝에 이뤄낸 것이다.

이건희 역시 말한다.

"한 발만 앞서라. 모든 승부는 한 발자국 차이다."

그렇다. 이건희가 말했듯 한 발자국만 앞서 나가라. 그러면 성공이란 기쁨의 트로피를 받게 될 것이다.

마라톤을 할 때 무리해서 달리면 금방 지치고 만다. 페이스를 맞추며 달려야 완주할 수 있다. 어떤 것을 할 땐 너무 무리하지 마라. 그냥 한 발만 앞서서 하라. 그래야 지치지 않고 끝까지 해낼 수 있다.

7.4제에 얽힌
이야기

이건희 회장은 프랑크푸르트 신경영 선언 이후 제품 품질 향상에 대해 시시때때로 강조하였다. 그가 그토록 품질에 역점을 둔 것은 품질 좋은 제품만이 경쟁에서 살아남을 수 있다는 것을 피부 깊숙이 체험했기 때문이다. 그 이전만 해도 삼성제품이 세계 곳곳에서 호평받는 제품으로 알고 있었지만 실제에 있어서는 그렇지 못했다.

이건희 회장은 미국, 유럽, 영국 등 다른 나라에서 매장 한쪽 구석에 먼지를 뒤집어쓰고 있는 자사 제품을 수없이 보았다. 그와 더불어 디자인이 외국 경쟁사 제품에 비해 현저하게 떨어진다는 것을 알았다. 이런 이유로 이건희 회장의 마음속엔 새로운 변화와 개혁에 대한 열망이 가득 넘쳐났다. 그는 이러한 자신의 결심을 실행에 옮기기 위해 임직원들의 근무환경과 정신자세를 바꿀 필요성을 느꼈다. 그래서 시도한 것이 7.4제이다.

7.4제란 출퇴근 시 교통 혼잡을 피하기 위해 7시에 출근해서 4시에 퇴근하는 제도로써 일찍 퇴근 후에 운동을 하든, 사람을 만나든, 자기계발을 하든 시간을 유효적절하게 활용하라는 것이다. 당시 대한민국 그 어디에도 그런 근무제도를 갖춘 곳은 없었으므로 '근무의 혁명'이라고 해도 틀린 말은 아닐 것이다. 이에 대한 직원들의 반응은 탄식 그 자체였다. 그전에는 8시 30분부터 5시까지 근무시간이었는데 출근 시간을 무려 1시간 30분이나 앞당긴다는 것은 보통 일이 아니었기 때문이다. 하지만 직원들은 그룹의 방침에 따를 수밖에 없었다.

해외 순회를 마치고 귀국한 이건희 회장은 7.4제를 잘 실행하고 있는지 알아보라고 지시했다. 알아본 결과 잘 실행되고 있지 않았고, 이에 이건희 회장은 제대로 실행하라고 호통을 쳤다. 그 후 이 제도는 10년 가까이 실행되었다.

비록 2002년도에 폐지되었지만 7.4제 제도는 임직원들에게 마음을 새롭게 다잡는 데 큰 성과를 올렸다고 평가되었다. 직원들의 불만을 알면서도 그 제도를 적극 실행한 것을 보면 변화와 개혁에 대한 그의 의지와 열망이 얼마나 강렬했는지를 잘 알 수 있다.

CHAPTER 6

골드
칼라가
되라

돌다리만
두드리지 마라.
그 사이 남들은
결승점에 가 있다.

_ 이건희 '어록'에서

너무 신중한 것도 문제가 될 수 있다

우리 속담에 '돌다리도 두들겨 보고 건너라.'는 말이 있다. 이는 경거망동하지 말고 신중하게 해야 실수가 없다는 것을 뜻한다. 그런데 이건희는 이렇게 말한다.

"돌다리만 두드리지 마라. 그 사이 남들은 결승점에 가 있다."

이건희가 이렇게 말한 이유는 무엇일까. 너무 재거나 겁내지 말라는 의미이다. 너무 재거나 겁내다 보면 남에게 뒤처지게 되기 때문에 때에 따라서는 그것을 뛰어넘어서라도 가라는 말이다. 즉 적극성을 가지라는 말이다.

이에 대해 미국의 소설가 마이클 코다는 이렇게 말했다.

"성공하려면 세상의 모습을 있는 그대로 받아들이되 그것을 뛰어넘어야 한다."

그렇다. 마이클 코다의 말처럼 돌다리라는 현실을 두려워만 하기보다는 뛰어넘는 모험을 감행하는 것도 반드시 필요하다.

내가 지금보다 더 나은 사람으로 살아가느냐, 그대로 머물러 있느냐 하는 것은 오직 자신에게 달려 있다. 그렇다면 무엇을 망설일 것인가. 이건희가 말했듯이 돌다리만 두드리지 말고 과감하게 건너서 가라.

신중함을 가지면 실수를 줄이는 데 큰 도움이 된다. 하지만 너무 신중히 재다 보면 기회를 놓칠 수 있다. 매사에 신중을 기하되 상황에 따라 적극 대처하라.

> 법과 원칙을 준수하고
> 도덕적으로
> 존경받아야 한다.
>
> _ '지행 33훈'에서

바람직◆한 인간형

"무인도에서도 신사다움을 잃지 않는 이가 진짜 신사다."

미국의 사상가 랠프 월도 에머슨이 한 말이다. 이 말에서처럼 법과 원칙을 지키는 사람은 무인도에 데려다 놓아도 별반 다르지 않게 살아갈 것이다. 그 사람 자체가 곧 법과 원칙이기 때문이다.

그런데 우리 사회는 법과 원칙을 앞장서서 지켜야 할 사람들이 도리어 법을 어기고 원칙을 무너뜨린다. 이는 정신적 수양이 되지 않아서이다. 몸과 마음에 수양이 된 사람은 아무리 하라고 시켜도 하지 않는다. 왜 그럴까. 도덕적으로 무장이 되었기 때문이다.

"무슨 사업을 하든 그 토대가 되는 것은 도덕이다. 도덕이 단단한 토대가 되지 않고 성공한 사업이 있다면 그것은 어디까지나 한때의 성공일 뿐 곧 무너진다. 그것은 마치 주춧돌이 단단하지 못한 채 세워진 기둥과 서까래가 오래 부지되지 못하는 것과 같다."

이는《채근담》에 나오는 말로 도덕적인 것이 인간에게 있어 얼마나 중요한 가치성을 부여하는지를 잘 알 수 있다.

그렇다. 바람직한 인간형은 돈을 잘 버는 사람도 아니고, 지위가 높은 사람도 아니고, 실력이 우수한 사람도 아니다. 그것은 법과 원칙을 잘 지키는, 도덕적으로 잘 갖추어진 사람이다.

돈이 아무리 많거나 지위가 아무리 높아도 법과 원칙을 어기고, 삶의 규율을 지키지 않으면 천박할 뿐이다. 그러나 돈이 없거나 지위가 낮아도 법과 원칙을 지키고 삶의 규율을 지키면 바람직한 인간으로 평가받는다.

앞으로 우리는 기술 개발은 물론
경영 시스템 하나하나까지
스스로 만들어야 하는
자신과의 외로운 경쟁을 해야 한다.

_ 2005년 '신년사'에서

자신과의 경쟁에서 이겨야 산다

◆

이건희는 2005년 신년사에서 기술 개발과 경영 시스템을 스스로 만들기 위해 외로운 경쟁을 해야 한다고 말했다. 그는 왜 그토록 기술 개발과 경영 시스템에 목숨을 거는 걸까. 새로운 기술, 새로운 경영 시스템은 경쟁력을 강화시키는 최선의 방법이기 때문이다. 치열한 글로벌 시대에 경쟁에서 밀리면 도태되는 것은 물론 추락하게 되리라는 것은 불을 보듯 뻔하다.

이는 마치 환경에 적응하면 살아남고, 적응하지 못하면 도태되는 것과 같은 이치다. 세계는 시시각각 새롭게 변화하고 있다. 이 광활한 세계라는 환경을 누가 선점하느냐에 기업의 운명이 달려 있는 것이다.

그렇다면 먼저 신기술을 개발하고, 새로운 경영 시스템을 만들어야 한다. 그러기 위해서는 자신과의 싸움에서 이겨야 한다.

문제는 자신과의 싸움은 자신을 외롭게 하고 고통스럽게 한다는 것이다. 대개의 사람들은 이를 극복하지 못하기 때문에 더는 앞으로 나가지 못하는 것이다. 이에 대해 〈황무지〉란 시로 유명한 미국의 시인 T. S 엘리엇은 이렇게 말했다.

"추구하는 것을 두려워 말고, 그것을 얻기 위한 대가를 치르는 것 역시 두려워 마라."

그렇다. 신기술을 개발하든, 경영 시스템을 개발하든, 자신이 원하는 것을 얻기 위해서는 두려워 말고 실행하는 것이 무엇보다 중요하다.

자신과의 경쟁. 자신과의 싸움에서 이기기 위해서는 자기를 넘어서야 한다. 그렇지 않으면 절대 이길 수 없다. 자신을 이겨라. 자기를 이기는 자만이 자신과의 경쟁에서 이길 수 있다.

> 샘물은
> 퍼낼수록
> 밝은 물이 솟아난다.
>
> _ 이건희 '어록'에서

노력의 원리

샘물은 한 사람이 마시든 두 사람이 마시든 열 사람이 마시든 언제나 일정한 양을 유지한다. 이는 계속해서 솟아나기 때문인데 노력의 원리도 이와 같다. 노력은 하면 할수록 더 좋은 성과를 내고, 자신의 능력을 배가시킨다. 노력이란 샘물의 원리와 같다.

이에 대해 이건희는 말한다.

"샘물은 퍼낼수록 맑은 물이 솟아난다."

옳은 말이다. 문제는 샘물의 원리, 즉 노력의 원리를 알면서도 실행하지 않는다는 것이다. 이는 의지가 약하고 게을러서이다. 이를 극복하기 위해서는 의지를 단련시키고, 게으름을 날려버려야 한다.

"시도하고 또 시도하는 자만이 성공을 이루어내고 그것을 유지한다. 시도한다고 잃을 것은 없으며, 성공하면 커다란 수확을 얻게 된다. 그러니 일단 시도해 보라. 망설이지 말고 지금 당장 해 보라."

이는 세일즈맨의 원조로 불리는 미국의 경영인 클레멘트 스톤이 한 말로써 노력의 원리를 분명하게 말해 주고 있다. 시도하고 시도하라는 그의 말은 계속된 노력을 멈추지 말라는 것이다.

무엇을 이루고 싶은가? 그렇다면 노력의 원리를 꾸준히 시도해 보라.

노력도 해 본 사람이 더 잘한다. 왜 그럴까. 노력의 원리를 터득했기 때문이다. 그렇다. 노력을 잘하기 위해서는 꾸준히 노력하고 또 노력하라.

사람은 저마다
독특한 본질과
특성이 있다.

_ 이건희 '어록'에서

사람의 본질과 특성

독일의 철학자 프리드리히 니체는 인간의 본질에 대해 이렇게 말했다.

"누구든지 한 가지의 능력은 가지고 있다. 그 하나의 능력은 오직 그만의 것이다. 그것을 일찌감치 깨닫고 충분히 살려 성공한 사람도 있고, 자신의 한 가지 능력, 즉 자신의 본성이 무엇인지 모른 채 살아가는 사람도 있다. 자신의 힘만으로 그 능력을 찾아내는 사람도 있고, 세상의 반응을 살피며 자신의 본성이 무엇인지를 끊임없이 찾는 사람도 있다. 틀림없는 사실은 어떠한 경우라도 주눅 들지 않고 용기 있게 꾸준히 도전해 나가면 언젠가는 자신만이 가진 한 가지 능력을 반드시 깨닫게 된다는 것이다."

니체의 말에서도 알 수 있듯 사람은 저마다 하나님으로부터 자신만의 본성을 부여받는다. 그런데 그것을 아는 사람보다는 알지 못하는 사람들이 더 많다. 왜일까. 바로 자신에 대한 사랑이 부족하기 때문이다. 자신을 사랑하는 사람은 자신을 계발하기 위해 최선을 다한다.

이건희 또한 사람은 저마다 본질과 특성이 있다고 말한다. 그 역시 자신의 본질과 특성을 잘 알았던 것이다. 그리고 그것을 살려 최선을 다한 끝에 삼성을 세계 속의 기업으로 일군 것이다.

자신의 본질과 특성을 살려 자기만의 길을 가는 현명한 사람이 되라.

사람은 누구나 자신만의 본질과 특성을 갖고 태어난다. 그런데 누구는 그것을 잘 살려 자신의 덕이 되게 하고 또 다른 누구는 그냥 넘긴다. 자신을 잘되게 하고 싶다면 자신의 본질과 특성을 잘 살려야 한다.

힘들어도
웃어라.

_ 이건희 '어록'에서

힘든 것을 이겨내는 법

◆

40대에 미국 포드 자동차의 사장이 되어 8년 동안 최고의 자리를 지킨 리 아이아코카. 그는 사업의 흐름을 정확히 꿰뚫는 탁월한 감각과 창의력 넘치는 아이디어로 정평이 난 인물이다. 그런 그도 포드사로부터 해고되어 시련의 나날을 보낸 적이 있다. 하지만 그는 웃음을 잃지 않았다. 그는 자신이 재기할 수 있다고 믿었다.

그러던 어느 날 크라이슬러사로부터 최고경영자로 초빙을 받았다. 방만한 운영과 비효율적인 인사관리로 회사가 위기에 내몰린 것을 알고도 리 아이아코카는 크라이슬러사의 제안을 받아들였다. 그는 신속하게 크라이슬러사의 문제점을 찾아내 하나씩 하나씩 해결해 나감과 동시에, 신제품 개발에 전심전력을 다한 끝에 빚을 청산하고 흑자 회사로 만들어 놓았다.

리 아이아코카는 이렇게 말했다.

"끊임없이 노력하고 간절하게 원하면 반드시 이겨낼 수 있다. 그것을 불굴의 노력이라 말한다."

그가 재기에 성공할 수 있었던 것은 희망을 잃지 않았기 때문이다. 희망이 있기에 힘들어도 웃을 수 있었던 것이다.

이건희 또한 힘들어도 웃으라고 말한다. 그 역시 리 아이아코카와 같은 마인드를 가진 사람이라는 걸 알 수 있다.

힘들어도 웃어라. 웃으면서 노력하다 보면 반드시 길은 열린다.

힘든 것을 이겨내는 법은 '웃는 것'이다. 웃다 보면 힘든 일도 사르르 녹는다. 그리고 어느 샌가 행복도 느끼게 된다. 웃음은 만복의 근원이다.

우수한
여성 인력을
직극 활용하자.

_ '지행 33훈'에서

여성 인력의 중요성

◆

여성은 섬세함, 꼼꼼함, 부드러운 면에서 남성보다 우월하다. 또한 언어능력이 월등하다. 이런 장점에도 불구하고 과거에 여성들은 홀대를 받았다. 그러나 지금은 다르다. 국내외적으로 탁월한 능력을 가진 여성들이 많다.

우리 사회 곳곳에서도 제 능력을 발휘하는 여성들이 많다. 하지만 아직도 우리 사회는 여성의 능력을 인정하면서도 그에 대한 합당한 지위나 자리를 보장해 주는 데 인색하다. 여성들의 능력을 인정하고 그에 맞는 자리를 보장해 준다면 우리 사회는 지금보다 한층 더 발전하게 될 것이다.

이에 대해 이건희는 우수한 여성 인력을 적극 활용하자고 말했다. 그는 여성의 역할을 잘 알고 있었다. 삼성에 여성 임원들이 타기업에 비해 많은 것도 여성 인력의 중요성을 잘 아는 까닭이다.

여성은 더 이상 남성에 가려진 존재가 아니다. 우수한 여성 인력을 잘 활용하는 기업이 한 발 앞서 나가게 될 것이다.

여성은 남자에게는 없는 장점이 있다. 국가기관이든 기업이든 여성에게 맞는 자리가 있다. 그 자리에는 여성이 앉게 해야 한다. 그래야 더 나은 발전을 이룰 수 있다.

> 재충전을 가져야
> 개인도, 조직도
> 활력을 유지할 수 있다.
>
> _ 이건희 에세이 《생각 좀 하며 세상을 보자》에서

재충전의 중요성

◆

기계도 계속 사용하면 결함이 생긴다. 하물며 사람이야 오죽
하겠는가. 그래서 일정한 시간을 두고 지친 몸과 마음을 풀어
주어야 한다. 그렇지 않으면 기계가 고장을 일으키듯 몸에 무리
가 온다.

휴가는 지친 몸과 마음을 풀어주고 새롭게 재충전을 하는 좋
은 기회이다. 그런데 사람들 중엔 휴가를 무의미하게 보내는 이
들이 많다. 이것은 올바른 휴식법이 아니다. 보다 현명하게 휴
식을 보내려면 짜임새 있게 보내야 한다.

재충전의 기회를 갖는 또 다른 방법은 주어진 최소한의 시간
을 잘 활용하는 것이다. 계획을 세워 독서를 하고, 취미 생활을

하며, 같은 분야에서 일하는 사람들과 교류를 갖는 것도 좋은 방법이다. 또 연구 모임을 만들어 서로 정보를 교환하며 자신의 부족한 부분을 채우는 것도 재충전을 위해 좋은 방법이다.

이건희 역시 재충전의 기회를 가지라고 조언한다. 그것이 개인에게도 조직에게도 활력을 준다는 것이다. 재충전의 기회를 적극 활용하라.

현명한 사람은 재충전의 기회를 생산적이고 창의적으로 활용한다. 그러나 어리석은 사람은 불필요한 것에 시간을 쏟아 붓는다. 똑똑하고 지혜롭게 재충전하라.

앞으로는 창조력이 뛰어나고
자기 분야의 전문 지식이 월등한
골드칼라가 주역이 될 것이다.

_ 이건희 에세이 《생각 좀 하며 세상을 보자》에서

골드칼라가 되라

◈

현대사회는 보다 전문적인 지식을 갖춘 사람을 원한다. 다양한 지식을 알고, 하나를 알더라도 깊이 알고 있다면 자신의 가치를 인정받을 수 있는 좋은 기회가 많다.

이러한 사회적 기대에 부응하지 못한다면 더 나은 자리에서 자신의 가치를 인정받을 수 있는 기회는 그만큼 적을 수밖에 없다.

이건희는 "앞으로는 창조력이 뛰어나고 자기 분야의 전문 지식이 월등한 골드칼라가 주역이 될 것이다."라고 말했다. 최고경영자의 직관력에서 나온 말이라고 할 수 있다.

"평생 배우기에 힘써야 한다. 당신의 정신과 당신의 머리에 집어넣는 것, 그것이 당신이 가질 수 있는 최고의 자산이다."

이 말을 한 사람은 한때 노숙자에서 최고의 자기계발 전문가로 명성을 날린 브라이언 트레이시이다. 그는 무의미한 시간을 보내던 중 깨닫게 된다. 많은 것을 아는 사람이 승리한다는 것을.

그는 닥치는 대로 책을 읽고 자신이 필요로 하는 것을 하나씩 채워 나갔다. 그러는 가운데 많은 지식을 갖추게 되었고, 그것은 곧 그에게 성공의 기회가 되어 주었다. 그는 자신의 분야에서 최고의 골드칼라이다. 성공하고 싶다면 자신을 골드칼라로 만들어라.

골드칼라가 되느냐 블루칼라가 되느냐 하는 것은 자신에게 달려 있다. 골드칼라가 되어 인생을 멋지게 살고 싶다면 그것이 무엇이든 실력을 갖춰라. 뛰어난 실력만이 최선의 답이다.

돈의
노예로
살지 마라.

_ 이건희 '어록'에서

돈의 노예

"자만심과 돈은 사람을 썩게 만든다."

"돈은 비료와 같다. 쓰지 않고 쌓아두면 냄새가 난다."

"정의를 거스르는 돈벌이는 병을 얻는 것과 같다."

이는 《탈무드》에 나오는 말로써 돈의 부정적인 측면을 강조하고 있다. 돈이 있다고 자만하여 사람들을 업신여기거나 함부로 대한다면 그것은 자신을 썩게 만드는 일이며, 돈을 모으기만 하고 쓰지 않으면 수전노가 되며, 거짓과 사기로 돈을 벌면 돈을 창고에 쌓아둘 수는 있어도 사람들에게 손가락질을 받게 된다. 돈이란 정직하게 벌고, 이웃과 사회를 위해 쓸 땐 쓸 줄도 알아야 하고, 많을수록 겸허하게 행동해야 한다.

이건희 역시 돈의 노예로 살지 말라고 말한다. 돈의 노예가 되면 교만하게 되고, 거짓과 사기를 일삼게 된다. 돈이란 정직하게 벌어 유용하게 쓸 때 가치가 있고, 또 그런 사람이 가치 있는 인생으로 평가받는다. 돈의 노예가 되지 말고, 돈을 부리는 진정한 주인이 되라.

같은 돈도 어떻게 쓰느냐에 따라 가치가 달라진다. 가치 있게 쓰면 가치 있는 돈이 되지만 불필요한 곳에 쓰면 무가치하게 된다. 정직하게 벌고 가치 있게 써라.

21세기에는
한 명의 천재가
10만 명을
먹여 살린다.

_ 1994년 인터뷰에서

한 명의 천재

◆

군계일학群鷄一鶴이란 말이 있다. 학은 닭보다 키가 크고, 고고하고, 우월하다. 그런 이유로 수많은 닭 무리 속에서도 유독 빛나는 것이다.

사람도 이와 같다. 뛰어난 한 사람이 세상을 바꾼다. 그 사람의 생각이 다른 사람들의 생각을 앞서기 때문이다. 세계는 날이 갈수록 진화하고 있다. 변화를 쫓아가지 못하면 뒤처지게 된다. 그렇게 되면 3류로 전락하거나 자멸하는 불행을 맞게 될 것이다.

하지만 시대를 앞서가는 눈을 가진 뛰어난 사람이 있다면 문제는 달라진다. 가난한 덴마크를 선진국으로 만든 그룬트비, 빚더미의 브라질을 흑자로 전환시킨 룰라 전 대통령, 백인독재국가인 남아프리카공화국을 민주국가로 만든 넬슨 만델라 등은 단연 군계일학이다.

이건희는 1994년 인터뷰에서 한 사람의 천재가 10만 명을 먹여 살린다고 했다. 이는 무엇을 말하는가. 뛰어난 인재가 많아야 한다는 것이다. 그래야 기업이 잘되고, 더불어 사회가 잘되고, 국가가 잘된다는 논리다.

천재는 되지 못해도 좋다. 하지만 누군가에게 또는 직장에서 꼭 필요한 사람이 된다면 그 사람은 가치 있는 인생으로 평가받게 될 것이다.

한 명의 천재는 수만 명, 수십만 명, 아니 그 이상을 먹여 살린다. 그만큼 뛰어난 천재는 역량이 크다. 천재는 되지 못해도 꼭 필요한 사람이 되어야 한다. 그것이 자신은 물론 모두를 위한 일이기 때문이다.

수비적으로
웅크리고 있으면
결코 성장할 수 없다.

_ 이건희 에세이 《생각 좀 하며 세상을 보자》에서

웅크리지 마라

◆

자신의 뜻대로 잘 안 되거나 하는 일이 힘들어 지치게 되면 자신도 모르게 움츠러들게 된다. 문제는 한 번 움츠러들면 쉽게 일어서지 못하는 데 있다. 그것은 자신의 능력을 훼손시키는 일이며, 가치 있는 일을 할 수 있는 기회를 포기하는 것과 같다.

"자기 자신을 믿어라. 자기의 재능을 인정하라. 자신의 능력에 겸손하고 확고한 신념이 없다면 성공할 수 없고 행복할 수 없다. 신념이야말로 가장 빛나는 성공의 원천이다."

탁월한 자기계발전문가이자 명저 《적극적 사고방식》의 저자인 노만 V. 필 박사의 말이다. 자신을 믿어야 한다. 자신의 재능을 인정하고 신념을 가지면 웅크리고 싶은 마음이 사라지게 된다.

이건희 또한 웅크리면 결코 성장할 수 없다고 말한다.

지금 우리의 젊은이들은 취업이 안 돼 고통스러워하고 있다. 갖가지 스펙을 쌓아도 힘든 건 마찬가지다. 그러다 보니 나만 힘들다는 생각에 자꾸 움츠러든다. 하지만 분명한 것은 내가 힘든 만큼 남도 힘들다는 사실이다. 그렇다면 무엇을 두려워할 것인가. 웅크리지 말고 어깨를 펴고 푸른 하늘을 마주하라. 내가 포기하지 않는 한 기회는 반드시 온다. 다만 때가 조금 빠르고 늦을 뿐이다.

어떤 이는 어려운 환경에서도 기가 꺾이지 않는다. 그래봐야 아무 소용이 없다는 것을 알기 때문이다. 반면 어떤 이는 잔뜩 웅크린다. 이것은 소용없는 짓이다. 죽을 만큼 힘들어도 당당하게 나아가라. 그러면 반드시 길이 열린다.

멀리 내다보라

◈

멀리 보는 눈이 아름답다는 말이 있다. 근시안적이 아닌 크고 높고 넓고 깊게 보라는 의미이다.

사람들에겐 크게 세 부류가 있다. 첫째는 이상적인 인간형이다. 이런 사람들은 지금 당장은 힘들어도 전혀 주눅 들지 않는다. 미래에 대한 확신을 갖고 도전을 즐기기 때문이다. 둘째는 현실의 만족에만 급급해하는 인간형이다. 이런 사람들은 지극히 현실적이어서 눈앞에 보이는 이익에 셈이 빠르다. 그래서 더 나은 길을 갈 수 있는 기회를 놓치고 만다. 셋째는 이러지도 저러지도 못하는 엉거주춤 인간형이다. 이런 부류의 사람들은 매사에 확신이 없다. 그러다 보니 앞날에 대해서뿐만 아니라 현실에서도 자신감을 갖지 못한다.

이건희는 현실에 안주하지 말라고 조언한다. 적어도 5년, 10년 후를 내다보라고 말한다. 그가 이렇게 말하는 것은 경영자적인 관점에서이지만, 개개인의 삶에서도 적용되어야 한다는 게 나의 생각이다. 개인 역시 지금보다 나은 미래를 행복하게 즐길 권리가 있다. 그래서 근시안적인 시각을 버리고 멀리 내다보는 눈을 가져야 하는 것이다.

지금 우리가 누리는 문명의 이기는 멀리 내다보고 자신의 이상을 이룬 위대한 이들의 피와 땀의 대가라는 사실에 감사해야 한다.

진취적인 사람은 멀리 내다보고 그에 맞게 준비한다. 그래서 좋은 결과를 이루게 된다. 그러나 근시안적인 사람은 바로 앞만 보고 전전긍긍한다. 진취적인 기상을 길러라. 그리고 멀리 내다보라.

> 깨진 독에 물 붓지 마라.
> 새는 구멍을
> 막은 다음에 부어라.
>
> _ 이건희 '어록'에서

깨진 독에 물 붓기

◈

살다 보면 누구나 문제를 일으킬 수 있다. 인간이기에 당연히 실수를 할 수 있다. 그런데 문제는 자신의 실수와 죄를 인정하지 않고 은폐하려고 하는 데 있다. 이것은 옳은 방법이 아니다. 지금 당장은 숨길 수 있지만 언젠가 반드시 드러나게 되어 있다.

지금 우리 사회에는 과거에 자신이 저지른 실수나 죄를 은폐했던 사람들의 이야기가 종종 보도되고 있다. 뇌물을 받고 청탁을 들어주거나, 청탁을 위해 권력을 남용했던 이들이 그 대상이다. 이런 행동은 반드시 지양되어야 한다. 그리고 잘못을 했으면 깨끗이 인정하는 것이 더 인간적이고, 문제를 더 빨리 해결할 수 있는 기회를 얻을 수 있는 법이다.

이를 기업적 관점에서 본다면 잘못된 계획이나 일은 즉시 개선해야 한다는 것이다. 잘못을 알고도 계속해서 투자를 하거나 밀어붙인다면 깨진 독에 물 붓기가 될 뿐 아무런 도움도 되지 않는 어리석은 일일 뿐이다. 곪은 상처는 바로 짜내야 한다. 그것을 그대로 두면 나중엔 기업의 존폐 여부 문제로 이어질 수 있다.

이건희는 이에 대해 새는 구멍을 막은 다음 물을 부으라고 역설한다. 옳은 이야기다. 그래야 더 크게 번질 수 있는 문제를 막을 수 있다.

새는 독에는 아무리 물을 부어봤자 소용이 없다. 구멍을 막은 다음에 물을 부어야 한다. 문제도 마찬가지다. 먼저 문제를 해결하고 다음을 생각해야 한다.

몰두와 몰입의 힘

이건희 회장은 어린 시절부터 사물에 대한 집착이 대단했다. 그는 한 번 호기심이 발동하면 그것이 무엇이든 분해하는 습관이 있었다. 겉으로 알 수 없는 내부적인 것은 뜯어보아야만 정확히 알 수 있기 때문이었다. 이에 대한 몇 가지 이야기이다.

이건희 회장이 미국 유학 시절 처음 탄 차는 이집트 대사가 탄 차였는데 불과 50마일도 타지 않은 새 차나 다름없었다. 이후로 이건희 회장은 1년 동안 무려 여섯 번이나 자동차를 바꾸었다고 한다. 그가 차에 이토록 몰두한 것은 차의 구조가 어떻게 생겼는지 궁금해서였다. 그는 자신의 궁금증이 풀리면 곧바로 차를 팔아버렸다고 한다.

이건희 회장은 일본 역사를 알기 위해 일본 유학 당시 45분짜리 비디오를 수십 개나 사서 보았다고 한다. 또 그는 우리나라

토종견인 진돗개의 우수성을 세계에 알리기 위해 각고의 노력을 다했다. 그는 우수한 혈통의 진돗개를 만들기 위해 30여 마리의 진돗개를 사서 150여 마리나 숫자를 늘리고 그중에서 우수하다고 판단되는 개를 또다시 가려 우수한 유전자를 가진 진돗개를 가려내는 데만 15년 가까이 걸렸다. 그리고 마침내 1979년 일본에서 열린 세계적으로 우수한 견종을 가리는 대회에 진돗개 암수를 출품하여 진돗개의 우수성을 알림은 물론 원산지를 대한민국으로 당당히 등록시켰다. 그뿐만이 아니다. 그의 집 지하실에는 갖가지 물건들이 산더미처럼 쌓여 있는데 그것 모두는 이건희 회장이 분해해서 구조를 알아보기 위한 연구대상 물품이라고 한다.

이처럼 이건희 회장은 한 번 마음먹은 것은 그것이 무엇이든, 어떤 일이 있더라도 반드시 궁금증을 풀어야 직성이 풀렸다고 한다. 그만큼 그의 몰두와 몰입의 힘은 매우 강하다. 과학자들이나 발명가들이 가졌던 강한 호기심과 몰두와 같은 것이라 할 만하다.

이건희 회장이 삼성제품이 전시되어 있는 세계 매장을 살펴며 삼성제품의 문제점을 지적하여 개선한 것들은 하나같이 일류제품이 되었다. 이는 어린 시절부터 기른 몰두와 몰입의 힘의 결과인 것은 두말할 나위가 없다고 하겠다.

CHAPTER 7

보이지
않는 것을
보는 눈을 갖자

써야 할 곳,
안 써도 좋을 곳을 분간하라.
판단이 흐리면 낭패가 따른다.

_이건희 '어록'에서

판단력을 길러라

◈

무엇을 할 때 이것을 하는 것이 좋을까, 아니면 안 하는 것이 좋을까를 가늠하는 것을 판단력이라고 한다. 판단력이 뛰어난 장수가 전투에서 승리할 확률이 높고, 판단력이 뛰어난 감독이 경기에서 이길 확률이 높고, 판단력이 뛰어난 기업가가 사업에서 성공할 확률이 높다. 이렇듯 판단력은 매우 중요한 마인드이다. 일의 성패가 달렸기 때문이다.

이건희는 최고경영자답게 써야 할 곳과 쓰지 않아도 될 곳을 분간하라고 말하며, 판단력이 흐리면 낭패가 따른다고 일갈하였다. 이 말엔 경영자로서의 강한 마인드가 잘 나타나 있다. 자칫 판단을 그르치면 막대한 손실이 따르는 것은 명약관

화明若觀火하다.

"이기는 군대는 우선 이겨놓고 싸운다. 패하는 군대는 우선 싸우고 나서 이기려고 한다."

《손자병법》에 나오는 이 말은 곧 판단력의 중요성을 말하는데, 이기는 군대는 이겨놓고 싸운다는 말은 이길 수 있다는 판단력이 선 가운데 싸우기 때문에 이긴다는 것이다. 지는 군대는 판단력이 제대로 서지 않은 채 싸움부터 하니 지는 것이다. 판단력이 성패를 결정짓는다. 판단력을 길러라.

어떤 일을 할 때 중요한 것 중 하나가 판단력이다. 판단력에 따라 일의 결과가 달라지기 때문이다. 자신이 하는 일을 잘되게 하고 싶다면 판단력을 길러라.

성패를 좌우하는 것

◆

사업을 할 땐 철저한 준비가 따라야 한다. 분명하고 확고한 사업계획이야말로 성패를 좌우하는 바로미터이기 때문이다. 성공적인 사업을 하기 위해서는 어떻게 해야 할까.

첫째, 하고자 하는 사업의 개념과 발전 전망에 대해 세밀한 시장조사를 하고 확고한 신념이 서야 한다.

둘째, 초기자본 외에 여유자금을 충분히 확보해야 한다.

셋째, 경쟁력을 키우는 지식과 노하우를 갖추면 훨씬 유리하다.

넷째, 홍보와 마케팅이 잘 갖춰져야 한다.

다섯째, 끈기와 의지로 단단하게 무장되어야 한다.

여섯째, 수시로 정보를 입수하고 도움을 받을 수 있는 사업 멘

토를 두어야 한다.

이처럼 계획적인 준비를 끝낸 후 그에 맞게 실행해야 실패를 최소화함은 물론 성공할 수 있는 기회의 폭을 넓힐 수 있다.

이건희는 이를 "사업의 개념 파악 여부에 따라 성패가 좌우된다."고 함축적으로 표현했다. 성패를 좌우하는 것이 어디 이뿐이겠는가. 인간관계에서 신의와 덕성이 잘 갖춰진다면 성공할 확률은 그만큼 더 높아지게 된다.

사업을 할 땐 사업의 개념에 대해 세밀하게 파악해야 한다. 그래야 문제될 소지를 막을 수 있어 실패로부터 벗어나 성공할 수 있다. 그렇다. 어떤 일이든 잘되게 하고 싶다면 그 일에 대해 세밀하게 알아야 한다.

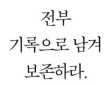

매사를 기록하라

역사는 기록으로 보존되어 왔다. 기록이 없었다면 역사는 그 무엇으로도 증명할 수 없다. 기록의 문화는 세상을 바꾸는 중심축과 같다. '누가, 언제, 어디서, 무엇을, 어떻게, 왜'라는 원칙은 신문기사뿐만 아니라 기록을 하는 데 있어서도 가장 보편적이고 가장 중요한 기록방법이다.

이 기록에 따라 역사는 뒤바뀔 수도 있고, 뒤바뀐 역사를 바로잡을 수도 있다. 그만큼 기록은 역사를 사실적으로 보존하는 데 있어 중요하다.

이건희는 전부 기록으로 남겨 보존하라고 말한다. 그가 이렇게 말하는 이유는 무엇일까. 기업 또한 역사이기 때문이다. 말하자면 기업의 역사, 즉 삼성그룹의 역사를 남기고 싶었기 때문이다. 삼성은 이건희에게 있어서는 선대의 역사며 현존하는 역사며 미래의 역사이다. 그러기에 이건희는 임직원들에게 매사를 기록하고 보존하라고 역설한다.

기록문화는 개인에게도 매우 중요하다. 그것은 곧 개인의 역사며 가문의 역사이기 때문이다. 그래서 이를 중요하게 생각하는 사람들은 수백만 원, 수천만 원을 들여가며 족보에 투자를 아끼지 않는다.

제2차 세계대전의 참상을 유대인의 입장에서 기록한 안네 프랑크의 《안네의 일기》역시 기록의 중요성을 잘 보여준다고 하겠다.

기록하는 습관은 중요하다. 기록은 거짓을 말하지 않기에 중요한 것은 반드시 기록해야 한다. 그것은 하나의 역사가 될 수 있기 때문이다.

느낌을
소중히 하라.
느낌은
신의 목소리이다.

_ 이건희 '어록'에서

느낌은 소중하다

감感이라는 한자는 '느낀다'는 뜻이다. 즉 감이 좋다는 말은 느낌이 좋다는 말이다. 느낌은 예술을 하는 사람이나 사업을 하는 사람이나 누구에게라도 꼭 필요한 삶의 요소이다. 태어날 때부터 감을 갖고 태어나면 이 또한 재능이다. 하지만 감은 꾸준한 연습으로 얼마든지 기를 수 있다. 후천적으로도 얼마든지 가능한 것이다.

자신에게 선천적인 재능이 없다면 꾸준한 연습을 통해 감을 익히면 된다. 가령 골키퍼가 꾸준히 막는 연습을 통해 감을 익히면 어느 방향에서 골이 날아오는지를 감각적으로 느끼게 된다. 꾸준한 연습보다 더 좋은 공부는 없다. 사업도 예술도 자꾸

214

만 하다 보면 감이 생기는 법이다.

이건희는 오랫동안 최고경영자로 지내왔다. 여러 정황으로 볼 때 그는 선천적인 감이 뛰어나다. 거기에 꾸준히 익히고 공부함으로 선천적인 감을 극대화시킨 것이다. 그가 어눌하고 서툰 말투로 불쑥 하는 말이 살아서 빛나는 것은 현장감現場感이 탁월하기 때문이다.

자신이 하는 일을 잘하고 싶다면 톡톡 튀는 감을 익혀라.

'감'이란 예지이기도 하고, 느낌이기도 하다. 그래서 감이 좋은 사람은 자신이 하는 일에서 좋은 결과를 내는 데 유리하다. 감은 선천적으로 타고나지만 연습으로도 기를 수 있다. 감을 갖춰라. 감도 실력이다.

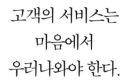

최상의 서비스란 무엇인가

◆

제품이 아무리 좋아도 서비스가 좋지 않으면 그 회사 제품을 다시는 구매하고 싶지 않아진다. 그러나 제품이 조금 미흡하더라도 A/S가 좋으면 그 회사 제품을 기피하지는 않는다. 왜 그럴까. 사람의 정성이 함께하면 부족한 부분이 그만큼 완화되기 때문이다.

에어컨을 구입했을 때의 일이다. 제품 디자인이나 성능이 좋은 편이었는데 어느 날 A/S를 받을 일이 있어 연락을 했다. 기사가 양해도 없이 약속 시간보다 1시간 30분이나 늦게 왔다. 그 바람에 A/S를 받은 후 지인과 만나기로 한 약속을 취소해야만 했다. 기사는 늦은 이유에 대해 한마디 해명도 없었다. 하지만 그냥 덮어두었다. 하지만 친절을 최우선으로 해야 하는 서비스 기사의 태도가 참 못마땅했다. 물건을 함부로 다루는 건 보통이고, 성의 없이 대충 하고 만 것이다.

그 후 A/S 받을 일이 또 생겨 연락을 했더니 또 그 기사가 왔다. 역시 지난번과 하는 행동이 똑같았다. 나는 기분이 몹시 언짢아 그 일이 있고부터 그 회사 제품은 쓰지 않는다.

최상의 서비스란 말로 하는 게 아니다. 고객의 마음을 움직여야 한다. 그러기 위해서는 진정성을 갖고 A/S를 해야 한다. 그렇지 않으면 아무리 제품이 좋아도 그 제품은 외면받게 된다. 고객의 서비스는 마음에서 우러나와야 한다는 이건희의 말은 매우 타당하다고 하겠다.

사업을 하거나 장사를 하는 사람이라면 물건을 파는 것 이상으로 서비스가 좋아야 한다. 그래야 고객을 단골로 만들 수 있다. 이것은 어느 일에서나 마찬가지이다. 자신이 하는 일에 마음을 다하라.

> 비정도非正道 1등보다
> 정도正道 5등이
> 더 낫다.
>
> _ 이건희 '어록'에서

정도正道를 걸어라

바른 길을 가는 것과 바르지 못한 길을 가는 것에는 윤리와 도덕적인 문제가 따른다. 그러기 때문에 바른 길, 즉 '정도正道'를 가야 한다. 지금 우리 사회를 보면 가진 자, 배운 자, 남보다 좋은 자리에 있는 자들 중 몰지각한 이들이 비정도를 감으로 해서 사회 분위기를 어지럽힌다. 그 길이 아무리 화려하고 탐스러워도 옳지 않으면 가지 말아야 한다.

이건희는 이에 대해 비정도 1등보다는 정도 5등이 낫다고 말한다. 그러니까 정도를 가야 한다는 것이다.

이를 역사적인 관점에서 살펴보자. 조선 7대 임금인 세조가 조카인 단종의 왕위를 찬탈한 것은 어떤 이유로든 옳지 못하다.

218

그것은 명분이 없는 비정도이다. 그러나 세조를 반대하다 죽은 사육신들은 정도를 걸어간 사람들이다. 세조는 왕위를 찬탈한 임금으로 영원히 남게 되었고 사육신은 정도를 걸은 충신으로 길이 남았다.

이는 개개인의 삶에서도 마찬가지다. 자신의 유익을 위해 남을 속이고 해코지하는 이들을 보게 되는데, 이는 자신이 묻힐 구덩이를 스스로 파는 것과 같다. 정도를 가면 반드시 어떤 모양으로든 그 대가가 주어진다. 하지만 비정도를 가면 자멸에 이르게 된다.

사람에게는 가야 할 길이 있고 가지 말아야 할 길이 있다. 가지 말아야 할 길은 가지 말아야 한다. 그것은 자멸을 뜻하기 때문이다.

책임 회피는 비열한 짓이다

◆

1993년 당시 삼성전자는 8mm VTR을 세계 최초로 개발했다. 이에 통상 관련 및 현안 문제를 논의하기 위해 LA로 간 이건희는 임원들과 함께 삼성제품이 소비자들에게 어떤 평가를 받는지 알아보기 위해 매장으로 갔다. 매장에는 필립스, 월풀, 소니, 도시바 등의 제품이 디자인과 성능을 뽐내며 있었다.

그런데 국내 1위라는 삼성제품은 구석에 처박혀 아무런 눈길도 받지 못하고 있었다. 뿐만 아니라 할인점에서 저가로 팔리고 있었으며, 백화점은 근처에도 못 갔다. 이에 이건희는 평가 회의를 하였다. 그는 임원들에게 경쟁사 제품들과 삼성제품을 비교 분석하며 설명하였다. 얼마나 수준 차이가 나는지 임원들은 고개를 들지 못할 정도였다. 이때 미국 현지법인 이사가 상황보고를 하면서 1992년 수출 부진의 원인은 다른 계열사에 있다고 보고하였다. 이에 화가 난 이건희는 분노하며 소리쳤다.

"지금 당장 나가시오!"

이사는 이건희의 호통에 자리에서 쫓겨나고 말았다. 책임을 인정하지 못하고 핑계를 댔기 때문이다.

책임을 회피하는 것은 졸장부나 하는 짓이다. 자신에게 주어진 그 어떤 일에도 책임지고 잘못이 있을 시에는 당당하게 잘못을 시인하라.

책임을 지는 자세는 마땅한 일이다. 그것은 양심적이며 인간적 도리이기 때문이다. 그 어떤 일에서도 책임을 다하라. 그것은 자신을 떳떳하게 하는 당당한 일임을 명심하라.

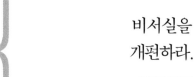

비서실을
개편하라.

_ 이건희 '어록'에서

협력자의 중요성

◆

이건희는 회장에 취임한 지 2년이 지난 1989년에 앞으로 어
떤 식으로 삼성을 변화시킬 것인지에 대해 암시를 하였다. 선대
회장인 아버지의 경영방법을 전반적으로 바꾸는 개혁이었다.
이병철 회장은 경영권의 80%를 자신이 쥐고, 비서실 10%, 각
계열사 사장에게 10%를 행사토록 했다. 이에 이건희는 자신이
20%, 비서실이 40%, 각 계열사 사장이 40%를 행사토록 하겠다
고 말했다.

이건희가 이렇게 한 데에는 이유가 있다. 선대 회장이 가진
80%의 경영권은 사실상 비서실에 위임한 것인데, 비서실이 막
강한 권한을 행사하는 데 따른 부작용을 너무나 잘 알고 있었기

때문이다.

이에 이건희는 선대 회장 때의 비서실장을 내보내고, 삼성생명 사장을 역임한 이수빈을 비서실장으로 임명하고, 정기인사 때 20명의 비서실 임원을 새로 교체하였다.

여기서 중요한 사실은 참모가 바른 생각, 바른 주관을 가지고 있어야 리더가 자신의 생각을 막힘없이 펼쳐 나갈 수 있다는 것이다. 정부든 군대든 기업이든 마찬가지다. 그래서 잘되는 리더에게는 좋은 협력자들이 많다. 이건희는 이에 자신과 가까이하는 비서실을 새롭게 변화시켰다. 이런 그의 생각은 적중했다. 개편한 비서실은 지금의 삼성을 이뤄낸 성공의 원천이 되었던 것이다.

세상에 그 누구라도 혼자서 잘되는 일은 없다. 그 옆에는 반드시 협력자가 있다. 잘되고 싶은가. 그렇다면 좋은 협력자를 곁에 두어라.

경청은 가장 좋은 대화법이다

◆

이건희는 말수가 없기로 소문이 났다. 그의 말수 없음은 성격 자체에서도 기인하지만 아버지의 영향이 컸다. 이건희가 후계 자로 내정된 후 아버지 이병철 회장은 그에게 "경청하라."는 말을 교훈으로 주었다.

사람들은 대개 말을 많이 하고 주도하는 사람이 말을 잘한다고 생각한다. 그러나 그것은 틀린 생각이다. 정말로 말을 잘하는 사람은 경청을 잘하는 사람이다.

프랭클린 루스벨트가 대통령 재직 시 해군 제독이 해군에 대한 문제점을 건의하기 위해 찾아왔다. 루스벨트가 주로 말을 했고, 해군 제독은 묵묵히 듣기만 했다. 루스벨트는 해군 출신으로 해군에 대한 지식이 풍부했다. 이야기를 끝낸 해군 제독이 "대통령님, 잘 부탁드립니다." 하고 돌아가자 루스벨트가 말했다.

"그 사람 말을 참 잘 하는구먼."

이에 참모가 "그 사람은 주로 듣기만 하던데요." 하고 말하자 루스벨트는 빙그레 웃었다.

해군 제독은 루스벨트 대통령의 말을 잘 경청함으로써 좋은 이미지를 심어 주었고, 자신이 원하는 것을 얻을 수 있었다.

경청하라. 경청은 가장 좋은 대화법이다.

경청은 상대에 대한 예의이다. 그래서 경청은 좋은 이미지를 심어 준다. 누군가에 좋은 인상을 주고 싶다면 경청을 습관화하라.

버려야 할 것은
제때
버려라.

_ 이건희 에세이 《생각 좀 하며 세상을 보자》에서

버려야 할 것과 버리지 말아야 할 것

살다 보면 버려야 할 것과 버리지 말아야 할 것이 있다. 그런데 버려야 할 것을 버리지 못하는 사람들이 많다. 때로는 그것으로 인해 문제가 되기도 한다.

그렇다면 버려야 할 것엔 무엇이 있을까?

첫째, 실패에 대한 두려움이다. 이 경우는 자신이 한 실패의 기억을 버리지 못해 다른 일을 시도하는 데 자신감을 갖지 못한다. 실패에 대한 두려움을 버리지 못하면 그 어떤 일에도 주저하게 된다.

둘째, 좋지 않은 것에 대한 기억이다. 이 경우는 자신이 겪었던 좋지 못한 기억 때문에 늘 불안해한다. 이런 마음을 버리지 못하면 언제나 자신을 불안이라는 틀 안에 가두고 전전긍긍하게 된다.

셋째, 상실감에 대한 고통이다. 이 경우는 잃어버린 것에 대한 미련을 버리지 못함으로써 또다시 무엇을 잃지나 않을까 하는 걱정에 사로잡혀 있는 것이다. 상실감이 크면 우울증이 되고, 심하면 삶 자체가 심각해질 수 있다.

이에 대해 이건희는 버려야 할 것은 제때 버리라고 조언한다. 옳은 말이다. 버려야 할 때 버리지 못하면 자신의 삶을 마이너스가 되게 한다.

사람이 살면서 취할 것은 반드시 취하되, 버릴 것은 반드시 버려야 한다. 그래야 보다 나은 자신으로 보람 있게 살아갈 수 있다.

현재의
자기 위치를
바로 알자.

_ 1993년 LA 회의에서

바로 알자

◈

자신에 대해서든 어떤 일에 대해서든 문제가 발생했을 때 그 원인에 대해 바로 알아야 한다. 그래야만 어떤 일에 대해서도 자신 있게 대처할 수 있다.

특히 자신을 안다는 것은 매우 중요하다. 사람은 누구나 자신에 대해 잘 알지 못한다. 그래서 실수를 하고 잘못된 길로 빠지게 된다. 자신이 하는 일에 대해 잘 알고 있으면 실수나 실패 없이 잘 해낼 수가 있고, 설령 실패를 하게 되더라도 실패의 폭을 줄일 수 있다. 그리고 예기치 못한 일이 발생했을 때는 문제의 원인이 무엇인지 제대로 알아야 한다. 그래야만 같은 문제로 실수를 하지 않게 된다.

바로 안다는 것은 자신을 지키는 일이며, 자신을 잘되게 하는 일이다. 적을 알면 승리할 확률이 높은 것처럼 자신에 대해, 자신이 하는 일에 대해, 문제의 원인에 대해 잘 알면 자신을 잘되게 할 수 있는 확률이 그만큼 높아지는 법이다.

　바로 알기 위해서는 이건희가 말했듯 현재의 자기 위치를 잘 알아야 한다. 그것이야말로 자신을 잘되게 하는 지혜이다.

살면서 가끔은 걸음을 멈추고 자신을 살펴봐야 한다. 그래서 무엇이 좋고, 무엇이 그른지를 살펴보라. 그리고 그에 맞게 대처하라. 그것이 자신을 복되게 하는 비결이다.

보이지
않는 것을
보라.

_ 이건희 에세이 《생각 좀 하며 세상을 보자》에서

보이지 않는 것을 보는 눈을 갖자

    사람들은 대개 눈에 띄는 것만을 보려는 경향이 있다. 그러나 성공적인 삶을 살아가는 사람들은 보이지 않는 것을 보는 눈이 밝다. 이것이 보통의 삶을 사는 사람과 뛰어난 삶을 사는 사람과의 차이점이다.

    보이는 것만 보는 사람은 평면적인 인생관을 가진 사람이다. 즉 어느 한 단면만을 본다는 것이다. 이런 사람은 어떤 문제에 대해 깊이 있게 생각하는 힘이 부족하다. 그렇기 때문에 지금보다 더 자신을 발전시키는 데 제한을 받는다.

    보이지 않는 것을 보는 사람은 입체적이고 다각적인 인생관을 가진 사람이다. 이런 사람은 어떤 문제에 대해 다양한 관점에서 깊이 생각하는 힘이 뛰어나다. 그래서 자신을 지금보다 더 나은 모습으로 발전시켜나간다.

이건희는 보이지 않는 것을 보라고 말한다. 곧 입체적이고 다각적인 인생관을 가져야 한다는 말이다. 현대사회는 입체적인 사회며, 다각적인 삶의 구조를 지닌 사회다. 이런 사회 구조 속에서 잘 살아가기 위해서는 당연히 입체적이고, 다각적인 인생관을 가져야 한다. 이것이 곧 보이지 않는 것을 보는 눈을 기르는 자세이다.

보이는 것을 보는 것은 누구나 할 수 있다. 그러나 보이지 않는 것을 보는 것은 아무나 할 수 없다. 더 좋은 인생, 더 멋진 인생이 되고 싶다면 보이지 않는 것을 보는 눈을 길러라. 그래야 더 풍요로운 인생을 살게 된다.

{
유비무환의
노력이
있어야 한다.

_ 이건희 에세이 《생각 좀 하며 세상을 보자》에서
}

유비무환

◆

유비무환有備無患, 미리 준비하면 우환을 막을 수 있다는 이 말
은 백 번을 강조해도 부족할 만큼 인생을 살아가는 데 있어 반
드시 갖춰야 할 마인드이다.

그런데 자만심이 강한 사람일수록 이 말에 대해 무관심하다.
이런 사람은 실수를 밥 먹듯 하고 패배하기 딱 십상이다. 이를
이순신 장군과 원균의 예에서 살펴보자. 이순신 장군이 전승을
거둘 수 있었던 가장 큰 이유는 그의 뛰어난 지략에도 있지만,
왜구의 침략에 대비해 미리미리 여러 각도에서 방편을 세워두
었기 때문이다. 이런 상황에선 거기에 맞게, 또 저런 상황에서
는 그에 맞게 대처함으로써 모든 싸움에서 이길 수 있었다.

그러나 원균은 정반대였다. 이순신 장군이 원균과 간신배들의 모략으로 백의종군할 때 원균은 자만심에 빠져 있었다. 그 결과 왜구와의 싸움에서 처참하게 패하고 말았다.

자신이 해야 할 일에 대해 미리미리 준비하고 대비하는 것이야말로 실수를 줄이고 자신이 원하는 것을 얻을 수 있는 가장 현명한 지혜이다. 유비무환의 노력이 있어야 한다는 이건희의 말은 그래서 더욱 설득력을 갖는다.

실수와 실패를 줄이고 성공하기 위해서는 미리미리 철저하게 준비해야 한다. 미리미리 준비하면 그 어떤 상황에서도 대응할 수 있기 때문이다. 유비무환, 아무리 강조해도 부족함이 없음을 명심하라.

{ }

인사人事가
만사萬事다.

_ 이건희 에세이 《생각 좀 하며 세상을 보자》에서

사람이 먼저다

◆

사람보다 더 귀한 존재는 없다. 하나님께서도 우주를 창조하
실 때 모든 것을 창조하신 후 맨 마지막으로 자신의 형상대로
인간을 창조하셨다. 하나님께서 자신의 형상대로 인간을 만드
셨다는 건 무엇을 말하는가. 그만큼 인간은 소중한 존재라는 걸
의미한다고 하겠다.

그런데 우리 사회 일각에서는 같은 사람으로서 해서는 안 될
짓을 하고, 다른 사람의 인격을 무시하고 경멸하고 조롱하는 이
들이 있다. 사람을 평등관계로 보는 게 아니라 수직적 관계로
보기 때문이다. 즉 자신은 우위에 있는 사람이고 상대방은 아래
에 있는 사람으로 생각한다는 것이다. 이처럼 그릇된 생각이 잘

못된 인간관계를 형성하게 한다. 인간관계가 막히면 그 아무리 뛰어난 능력을 가졌다 하더라도 인생을 성공적으로 살아갈 수 없다. 인간관계가 막히면 소통이 단절되기 때문이다.

이에 이건희는 "인사人事가 만사萬事다."라는 말로 사람을 소중히 해야 한다고 역설하였다. 그렇다. 사람이 가장 중요하다. 사람을 잘 쓰고 사람을 소중하게 여길 때 자신의 삶도 활짝 꽃피우게 된다. 이 사실을 잊을 때 불행은 찾아온다. 사람을 소중히 하라.

사람을 소중히 하는 것은 사람의 일 중 모든 것 위에 놓여야 한다. 사람은 우주 만물의 으뜸이기 때문이다. 그렇다. 사람은 가장 소중한 존재이다.

골치 아픈 것도
훈련허면
된다.

_ 이건희 에세이 《생각 좀 하며 세상을 보자》에서

연습하라 그리고 연습하라

연습의 중요성은 몇 번을 강조해도 부족함이 없다. 아무리 불가능해 보이는 것도 꾸준히 연습을 하면 손에 익숙한 놀이를 하듯 자연스럽게 하게 된다.

예전에 SBS에서 매주 토요일에 방영하던 〈스타킹〉이란 프로그램이 있었다. 〈스타킹〉은 국내 남녀노소뿐만 아니라 해외에서도 많은 사람들이 출연하여 자신의 진기한 재능을 맘껏 보여주었다.

나는 출연자들의 놀라운 재능을 볼 때마다 감탄을 금할 수가 없었다. 상식을 뛰어넘는 재능들이 너무도 놀랍기 때문이었다. 그렇다면 그들은 선천적으로 타고난 걸까, 아니면 후천적인 영향일까. 물론 선천적인 영향이 크다. 그러나 아무리 선천적인 재능을 지녔다 하더라도 피나는 연습이 없으면 도저히 할 수 없다. 짧게는 수 년에서 길게는 2, 30년의 피나는 연습을 통해 닦은 실력이 빛을 발하는 것이다.

우리나라 체조 올림픽 사상 도마에서 그 누구도 해내지 못한 3회전 반을 돌아 우승한 양학선. 그가 어느 누구도 해내지 못한 신기의 기술을 보이며 세계 체조계의 스타가 된 것은 꾸준한 연습을 통해서이다. 꾸준히 반복된 연습은 불가능한 것도 가능하게 한다. 골치 아픈 것도 훈련하면 된다는 이건희 말은 연습의 중요성을 함축적으로 잘 보여 준다고 하겠다.

연습의 중요성은 아무리 강조해도 부족하다. 그만큼 중요하다. 자신이 하는 일이 잘되기를 바란다면 꾸준히 연습하듯 실행하라. 그것이야말로 가장 훌륭한 성공의 요소이다.

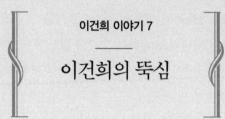

이건희 이야기 7

이건희의 뚝심

이건희 회장은 말투가 어눌하고 느리다. 경상도 남자들이 대개 그렇듯이 그에게서도 말의 세련미라고는 찾아볼 수 없다. 하지만 어눌한 말투 속엔 경상도 남자 특유의 뚝심이 짙게 깔려 있다. 그의 뚝심에 대해 잘 알게 하는 이야기이다.

이건희는 고등학교 시절 학교에서 가장 싸움을 잘한다는 친구와 시비가 붙었다. 이건희가 먼저 싸움을 신청했다. 그때 이건희의 친구인 홍사덕이 그 싸움의 증인이 되었다. 일종의 심판 역할을 한 것이다.

"야, 너희들 정말 싸울 거냐?"

홍사덕이 말했다.

둘은 싸우겠다고 말했고, 드디어 싸움이 시작되었다.

이건희의 싸움 대상은 싸움꾼답게 몸놀림이 빠른 반면 이건희는 동작이 느렸다. 몸놀림이 느린 이건희는 초반부터 일방적으로 얻어맞았다. 그러나 그는 눈 하나 깜빡하지 않았다. 격투에서 일방적인 공격이 언제나 승산이 있는 것은 아니듯 이건희의 경우가 그러했다. 이건희가 수없이 얻어맞으면서도 싸움을 포기하지 않자 은근히 두려움을 느끼는 것은 상대였다.

'저 놈은 아무리 맞아도 맞은 표시 하나 안 내니 도대체 어떻게 된 거야.'

상대는 계속해서 주먹을 날리고 발길질을 해댔지만, 파괴력은 점점 떨어졌다. 힘도 빠졌다. 공격을 하고도 효과를 보지 못했다.

드디어 이건희의 반격이 시작되었다. 이건희는 레슬링을 한만큼 힘이 좋았다. 어느 순간 이건희의 손아귀에 상대의 허리가 잡혀 있었다. 이건희는 이때를 놓치지 않고 강한 압박으로 밀어붙였다. 그리고 두 손으로 상대를 번쩍 들어 올려 내다꽂았다. 그러고 나서 곧바로 상대의 팔을 잡고 꺾어버렸다. 상대는 빠져나오려고 안간힘을 써댔지만 빠져나오지 못했다.

"아얏! 팔, 팔 좀 놔줘."

상대는 비명을 질러대기 시작했다. 싸움은 그것으로 끝이었다. 이건희가 최고 싸움꾼을 항복시킨 것이다.

당연히 싸움꾼이 이길 거라는 예상은 보기 좋게 빗나갔다. 이건희의 뚝심 앞에 상대의 싸움 기술은 전혀 먹히지 않았다.

이건희 회장은 자신의 소신을 눈치 보지 않고 곧바로 말하기로 유명하다. 다른 대기업 회장들에게서는 찾아볼 수 없는 모습이다. 그가 정부를 상대로 주눅 들지 않고 자신의 생각을 낭당하게 말하는 것을 보면 그의 뚝심이 어떤지를 잘 알 수 있다. 그의 강인한 뚝심은 그것만이 아니다. 회사 임직원들을 대하는 그의 태도에도 여실히 드러났다. 그의 강한 뚝심은 카리스마로 비쳐지기 때문이다.

이건희 회장이 한국 경제계를 대표하는 최고경영자들의 중심이 된 데는 그의 강인한 인내력과 의지가 있었다. 한마디로 그의 성공은 강한 '뚝심의 힘'이라고 해도 지나친 말은 아닐 것이다.

이건희의 리더십과 경영철학의 근본

　이건희는 미래를 예측하는 예측력과 통찰력, 직관력, 분석력이 뛰어날 뿐만 아니라 결단력과 실행력이 뛰어나다. 그러나 무엇보다도 창의력이 뛰어나다. 그는 1987년 12월 1일 삼성그룹 회장으로 취임한 이래, 1993년 독일 프랑크푸르트 신경영 선언 후 '변화와 혁신'이라는 창조적인 도전의 모토 아래 품질경영을 앞세운 세계 1등 주의를 원칙으로 일관한 끝에 삼성을 글로벌 초일류 기업으로 성장시켰다. 현재 삼성이 보유하고 있는 세계 1위 제품은 스마트폰, TV, 반도체 등 무려 20개가 넘는다. 이 모두는 세계 1등주의를 내걸고 끊임없이 도전하고 연구함으로써 이뤄낸 성과이기에 의미하는 바가 크다.

　이건희가 삼성을 글로벌 초일류 기업으로 성장시키고, 대한민국 경제를 견인하는 데 막중한 역할을 할 수 있었던 데에는 그만의 뛰어난 리더십과 경영철학이 있었기에 가능했다. 이건희가 리더십과 경영철학을 기를 수 있었던 배경에 대해 알아보는 것도 매우 의미 있는 일이라고 하겠다.

1
사색력思索力

이건희는 1942년 1월 9일 대구에서 태어났다. 젖을 떼자마자 의령의 친가로 보내져 할머니 손에서 자라났다. 이건희는 초등학교에 들어가기 위해 서울로 와서 혜화초등학교에 입학했다.

이건희 가족은 6·25 전쟁이 나자 마산으로 갔다. 그리고 얼마 지나지 않아 대구로 이사했다. 대구에서 초등학교를 다녔지만, 또다시 부모를 따라 부산으로 갔다. 부산에서도 두 번이나 전학을 하는 등 그야말로 전학의 연속이었다. 그로 인해 제대로 공부를 하지 못했을 뿐만 아니라 또래의 친구들과도 어울리지 못했다.

아버지 이병철은 이건희가 부산사범부속초등학교 5학년 때 일본 도쿄로 유학을 보냈다. 선진국의 문화를 보고 배우라는 의미에서였다. 일본에는 맹희, 창희 두 형이 있었지만 나이 차가 많이 나 형들은 함께 놀아주지 않았다. 말도 안 통하다 보니 일본 아이들과도 어울리지 못했다.

이건희는 초등학교를 졸업하고 중학교에 입학하였다. 중학교 1학년을 마치고 귀국해서 다시 중학교에 진학하였다. 하지만 학교에 적응하는 데 힘들어했다. 그러다 보니 언제나 외로운 건 마찬가지였다. 오직 반려견만이 그의 외로움을 달래 주었다.

중학교를 마치고 서울사대부고에 입학한 이건희는 레슬링부에 들어갔다. 레슬링을 하면서 외로움을 이겨냈고, 상대와의 스파링을 통해 힘듦을 이기는 법도 배웠다. 그리고 럭비를 하며 협동심을 배울 수 있었다.

고등학교를 마치고 연세대학교에 입학한 이건희는 아버지에 의해 또다시 일본으로 유학을 가 와세다대학교에 입학해 경영학을 공부하였다. 대학을 졸업한 후에는 미국으로 유학을 가 조지워싱턴대학교 경영대학원에서 경영학을 공부했다.

이건희는 어린 시절부터 유학 시절까지 혼자 지내는 동안 늘 생각에 잠겼다. 그리고 사람들의 행동을 유심히 지켜보며 생각하였다. 그러는 동안 사물에 대해, 사람들에 대해 분석하게 됨으로써 자기만의 사상과 철학을 기를 수 있었다.

이건희는 회장 시절에도 혼자 있을 때는 생각하는 것을 즐겼다. 그에게 있어 혼자 있는 시간은 사색을 통해 새로운 아이디어를 발굴하는 창의적이고 생산적인 시간이었다.

2
입체적 사고방식

이건희는 어린 시절 일본에서 지낼 때 두 형과 일본 학교 친구들과 어울리지 못했다. 늘 혼자 있는 시간이 많다 보니 자연스럽게 영화 보는 즐거움에 빠졌다.

이건희는 휴일에는 극장에서 살다시피했다. 영화를 보는 것이 너무도 좋았다. 영화를 보는 동안은 외롭지도 않았고 심심하지도 않았다. 아침 9시에 극장에 가서 밤 10시까지 영화를 보았을 정도로 영화에 푹 빠져 지냈다. 이건희가 초등학교 2학년 때부터 중학교 1학년 때까지 본 영화가 무려 1,200편에서 1,300편이나 된다고 하니 가히 영화광이라고 해도 지나침이 없었다.

중요한 건 이건희는 단순히 영화가 좋아서 본 것만은 아니라는 것이다. 영화를 통해 상상력을 기르고, 예술적인 안목을 키울 수 있었다. 영화는 종합예술이다. 한 편의 영화를 만들기 위해서는 시나리오가 있어야 하고, 음악과 미술을 비롯한 다양한 부속물들이 함께해야 한다. 특히 어떤 기획을 하고 어떤 식으로 연출하느냐 하는 것은 고도의 창의력이 요구된다. 마치 고난도의 기술과도 같은 것이다. 그러다 보니 다각도로 생각하고 연구해야 한다. 즉 입체적인 사고가 따르지 않으면 안 된다. 평면적인 사고로는 영화를 만들 수 없기 때문이다.

이렇게 해서 길러진 이건희의 입체적인 사고방식과 예술성은 삼성제품이 1등이 되는 데 크게 기여했다. 삼성전자 제품의 우수한 품질과 미려한 디자인은 이건희의 안목에서 비롯되었던 것이다. 다시 말해 그가 기술진에게 조언하고 독려함으로써 얻어낸 성과인 것이다.

어린 시절 외로움을 잊기 위해 수없이 보았던 영화들이 이건 희가 입체적인 사고를 기르고, 예술성을 기르고, 창의력을 기르 는 데 기폭제가 되었다는 것은 참으로 놀라운 일이 아닐 수 없 다. 이건희에게 있어서는 미리 예정된 필연적인 일이었다는 생 각이 드는 것은 왜일까. 지금의 삼성이 있다는 것이 그것을 말해 준다고 하겠다.

3
호암湖巖에 대해 배우다

1955년 어느 겨울날 이병철은 어린 이건희에게 물었다.

"건희야, 너 호암湖巖이라는 말이 무슨 뜻인 줄 아느냐?"

어린 이건희는 어안이 벙벙할 뿐이었다. 아버지는 그런 아들 을 바라보고 넌지시 웃으며 말했다.

"호수처럼 맑은 물을 잔잔하게 가득 채우고, 큰 바위마냥 흔 들리지 않는 준엄한 사람이 되자.'는 뜻이란다."

이병철은 어떤 일이 있어도 절대로 흔들리지 말라는 뜻이라 며 호암이 바로 자신의 호라고 일러주었다.

어린 이건희는 아버지가 왜 그런 말을 했는지 알 수 없었지만, 성장하면서 확실히 알게 되었다.

이건희는 아버지처럼 산다는 것이 너무 힘에 버거워 벗어나고 싶을 때도 있었지만 호수 같고 바위 같은 사람이 되려고 노력했다.

이건희에게 있어 아버지의 호인 '호암'은 그를 탄탄하게 받쳐준 성공적인 인생의 초석礎石이었던 것이다.

4
메기론

이건희는 언젠가 아버지로부터 흥미로운 이야기를 들었다. 이른바 '메기론'이다.

이병철은 20대에 농사를 지었는데, 그때 논에는 미꾸라지를 키웠다. 그런데 한쪽에는 미꾸라지만 넣어 키우고, 다른 한쪽엔 미꾸라지와 메기를 함께 키웠다. 시간이 흐르고 가을이 되어 미꾸라지들만 키운 곳에 가보니 미꾸라지들이 별로 살이 오르지 않았는데, 메기를 함께 넣은 곳에 있는 미꾸라지들은 살이 통통하게 올라 있었다. 메기에게 잡히지 않으려고 도망 다니느라 더 많이 먹고 튼튼해져 통통해졌다는 걸 알게 되었다는 것이다.

이건희는 아버지로부터 미꾸라지와 메기 이야기를 듣고 마음에 새겼다가 훗날 삼성의 회장이 되어 그것을 경영에 적용시켰다. 즉 좋은 경영자는 직원들이 일을 잘할 수 있도록 격려하고 독려할 줄 알아야 한다는 것이다. 이건희는 좋은 경영자는 때론 메기가 되어야 함을 임직원들에게 늘 강조하였다. 이른바 메기론은 오늘날의 삼성이 세계적인 기업이 되는 데 크게 작용하였다.

5
목계론木鷄論

《장자》의 〈달생편〉에는 다음과 같은 이야기가 나온다.

중국의 주나라 선왕은 닭싸움을 좋아했다. 주나라에는 닭을 잘 훈련시키기로 소문난 기성자라는 사람이 있었는데, 선왕은 기성자를 불러 싸움닭 한 마리를 내주며 명했다.

"이 닭을 싸움 잘하는 닭으로 훈련시켜 보거라."

"네, 폐하. 그리하겠나이다."

열흘이 지난 뒤 선왕은 기성자를 불러서 물었다.

"어찌 되었느냐?"

선왕의 말에 기성자가 말했다.

"아직 멀었나이다. 허장성세가 심한 걸로 보아 아직 싸움을 할 준비가 안 되었습니다."

"그래? 계속 잘 훈련시켜 보거라."

그로부터 열흘이 지난 뒤 선왕은 다시 기성자를 불렀다.

"이제는 좀 훈련이 되었느냐?"

"상대 닭을 보기만 하면 싸우려고 하는 걸로 보아 아직 훈련이 덜 되었나이다."

다시 열흘이 지나도 기성자는 훈련이 덜 되었다고 대답했다.

"아직도 상대 닭을 보면 살기를 번득입니다."

또다시 열흘이 지났다. 그제야 기성자는 훈련이 거의 다 되었다고 말했다.

"이제는 상대 닭이 아무리 소리를 지르고 덤벼도 동요하지 않나이다. 마치 나무를 깎아 만든 닭과 같습니다. 덕이 충만하여 그 모습만 보아도 상대 닭은 등을 돌리고 도망을 치나이다."

이 이야기에 나오는 나무를 깎아서 만든 닭, 즉 목계를 이병철은 거실에 걸어놓고 늘 자신을 경계하였다.

그리고 어느 날 어린 이건희에게 이 이야기를 들려주며 말했다.

"건희야, 말을 많이 하지 말거라. 말을 많이 하면 허점이 저절로 드러난단다. 또한 표정을 바깥으로 드러내 보이지 마라. 표정을 드러내면 무게가 없어진단다."

이건희는 아버지의 말에 고개를 끄덕였다.

그로부터 오랜 세월이 지나 이건희가 삼성그룹 후계자로 내정되었을 때였다. 이건희가 지켜보는 가운데 이병철은 붓으로 글씨를 썼다. '경청傾聽'이란 글씨였다. 남의 얘기를 귀담아 잘 들으라는 말이다.

이병철이 이건희에게 이 글씨를 보여 준 것에는 다음과 같은 숨은 뜻이 있었다. 맹희와 창희처럼 나서지 말고 회장 자리를 물려줄 때까지 조용히 듣기만 하고 나서지 말라는 경고였던 것이다.

이건희는 아버지의 성품을 잘 아는 까닭에 그대로 따를 수밖에 없었다. 이건희는 아버지의 뜻을 잘 받들어 차분히 경영수업을 쌓으며 1987년 삼성그룹 회장으로 취임하였다.

이건희는 아버지에게 배운 '경청'의 의미를 임직원들에게 적용시키며 삼성을 글로벌 초일류 기업으로 성장시켰다.

6
도쿠가와 이에야스론

1590년 도요토미 히데요시는 일본을 평정하고 최고의 통치자가 되었다. 그는 당시 최대의 경쟁자였던 도쿠가와 이에야스와 마주 앉았다. 최종 담판을 짓기 위해서였다. 숨소리조차 들리지 않을 만큼 분위기가 싸늘하였다.

"그대는 나와 싸우겠는가, 아니면 평화를 택할 것인가?"

도요토미 히데요시의 말에 도쿠가와 이에야스는 머리를 숙여 예를 다했다. 굴복을 뜻하는 것이었다. 도요토미 히데요시는 만면에 웃음을 지었고, 도쿠가와 이에야스는 훗날을 기약할 것을 속으로 다짐하며 조용히 물러 나왔다. 지금 싸워봤자 자신에게 불리할 게 뻔하기 때문이었다.

도쿠가와 이에야스는 그 후 15년을 죽은 듯이 기다리며 기회를 엿보았다. 도요토미 히데요시가 죽고 그의 아들인 도요토미 히데요리를 보호한다는 명분으로 이시다 미츠나리가 들고 일어났다. 이에 도쿠가와 이에야스는 역적을 토벌한다는 명분으

로 맞섰다. 9만의 병력을 지닌 이시다 미츠나리에 비해 도쿠가
와 이에야스의 병력은 8만이었다. 숫자에서 열세였다. 도쿠가
와 이에야스는 이시다 미츠나리의 부하 장수인 고바야카를 포
섭하였다. 고바야카는 도쿠카와 이에야스가 절대로 배신할 사
람이 아니라는 판단 하에 그를 도와서 이시다 미츠나리와 싸웠
다. 결과는 도쿠가와 이에야스의 승리였다. 그로 인해 도쿠가와
이에야스는 1603년 에도에 막부를 세우고 일본 최고의 통치자
가 되었다.

도쿠가와 이에야스는 볼모로 13년, 오다 노부나가 아래서 20
년, 도요토미 히데요시 아래서 15년 등 48년 동안 갖은 굴욕을
참으며 인내한 끝에 마침내 일본을 평정하고 자신의 뜻을 이뤄
냈던 것이다. 한 인간으로 볼 때 참으로 대단한 인내가 아닐 수
없다.

이건희는 도쿠가와 이에야스를 통해 참고 견디는 인내심을 터
득했다. 인내심은 최고의 경영자가 갖춰야 할 필수 마인드이다.

이건희는 수많은 고비 때마다 이를 잘 적용시킨 끝에 삼성을
초일류 기업으로 성장시켰던 것이다.

변화와 혁신을 위해 반드시 해야 할 것들

변화하지 않는 삶은 개인이든 사회든 기업이든 국가든 답보 상태를 벗어날 수 없다. 항상 고정된 틀 속에서 다람쥐 쳇바퀴 돌듯 한다. 이런 삶을 산다는 것은 자신의 잠재된 능력을 자멸시키는 것과 같다. 지금과는 다른 사람으로 살고 싶다면 과감하게 자신을 변화시켜야 한다. 그러기 위해서는 어떻게 해야 할까?

첫째, 고통이 따르더라도 새로운 것을 시도해야 한다. 고통 없이는 그 어떤 것도 할 수 없다.

둘째, 남과 다른 자기만의 특성을 살려야 한다. 자기만의 특성을 살리는 것은 변화와 혁신에서 가장 중요한 포인트다. 남과 같거나 비슷하면 지금과 다른 삶을 기대할 수 없다.

셋째, 변화는 언제나 사람의 생각을 앞질러 간다. 이런 변화를 따라잡고 새롭게 혁신하기 위해서는 공부하지 않으면 안 된다.

넷째, 새로운 길을 가기 위해서는 두려움을 없애야 한다. 두려운 마음이 있으면 충분히 할 수 있는 것도 못하게 된다.

변화와 혁신을 위해서는 반드시 이 네 가지를 실행해야 한다.

그렇지 않으면 변화와 혁신은 있을 수 없다.

"매일 자신을 새롭게 하라. 몇 번이라도 새롭게 하라. 내 마음이 새롭지 않고서는 그 어떤 것도 기대할 수 없나."

새로운 모습으로 살고 싶다면 날마다 자신을 새롭게 하는 일에 열정을 다 바쳐야 한다. 삶은 그런 사람을 좋아하고 그에게 값진 인생을 선물할 것이다.

1942년 1월 9일 대구 출생

1961년 서울대학교사범대학 부속고등학교 졸업

1965년 일본 와세다대학교 경영학과 졸업

1966년 미국 조지워싱턴대학교 경영대학원 경영학과 석사과정 수료

1966년 동양방송 입사

1978년 삼성물산 부회장

1979년 삼성그룹 부회장(1979~1987)

1982년 대한아마추어레슬링협회 회장(1982~1997)

1984년 대한민국 체육훈장 맹호장 수훈

1986년 대한민국 체육훈장 청룡장 수훈

1987년 삼성그룹 회장 취임(1987~1998)

1988년 제2창업 선언

1988년 삼성전자 반도체통신 흡수합병

1989년 삼성복지재단 설립 이사장

1991년 제1회 호암상 시상식

1991년 국제올림픽위원회(IOC) 올림픽 훈장 수훈

1993년 삼성 신경영 선언

1994년 삼성그룹 전 임직원 7.4제(7시 출근 4시 퇴근) 실시

1993년 제1회 여성지위향상 골든 어워드 수상

1995년 공채 필기시험 전면 폐지

1996년 국제올림픽위원회(IOC) 위원(1996~2008)

1997년 에세이《생각 좀 하며 세상을 보자》출간(동아일보사)

1998년 삼성전자 대표이사회장(1998~2008)

2000년 대한민국 국민훈장 무궁화장 수훈

2002년 서울대학교 명예경영학박사 학위수여

2004년 리움 미술관 개관식

2004년 프랑스 국가최고훈장 '레종 도뇌르 코망되르' 수훈

2004년 홍콩디자인센터산업기술통상부 공동 주최 디자인 경영자상

2005년 고려대학교 명예철학박사 학위수여

2005년 대한올림픽위원회 명예위원장

2006년 미국 Korea Society '벤플릿 어워드' 수상

2010년 일본 와세다대학교 명예법학박사 학위수여

2010년 삼성전자 회장(2010~2020)

2011년 남아프리카공화국 더반 국제올림픽위원회(IOC) 총회에서
　　　평창동계올림픽 유치 성공

2012년 대한민국 문화훈장 금관장 수훈

2012년 삼성생명 공익재단 이사장

2017년 국제올림픽위원회(IOC) 명예위원

2020년 10월 25일 사망

이건희 담대한 명언

초판 1쇄 인쇄 2023년 11월 10일
초판 1쇄 발행 2021년 11월 15일

지은이 | 김옥림
펴낸이 | 임종관
펴낸곳 | 미래북
편   집 | 음정미
등록 | 제 302-2003-000026호
본사 | 서울특별시 용산구 효창원로 64길 43-6 (효창동 4층)
영업부 | 경기도 고양시 덕양구 삼원로 73 고양 원흥 한일윈스타
          지식산업센타 14층 1405호(원흥동)
전화 031)964-1227 | 팩스 031)964-1228
이메일 miraebook@hotmail.com

ISBN 979-11-92073-42-2   (03320)